生《なま》らくごのススメ！

東京版

発売 小学館
発行 小学館クリエイティブ

目次

二章

落語の愉しみ方

本書構成・編集部

はじめに

二〇二〇年、新型コロナウイルスの流行で、寄席や落語会も休止という未曽有の状況となりました。そのなかで落語の生配信など新たな取り組みが試され、落語ファンのみならず、初めて興味をもった人も落語へのアクセスがより簡単になりつつあります。この配信や多様化する音源は、これから落語に行ってみたいという人のきっかけになったり、またすでに落語をみたことのある人が、高座の落語家と客席との間で生まれる空気やその味わいを思い出しながら、楽しめる機会となっています。

しかしこれから生《なま》の落語を聴きに行ってみたいという人に、どこに行けばいいのか、誰の落語から聴けばいいのかというハードルの高さがあります。

本書では、落語にさまざまにかかわり、また落語を深く愛する執筆者たちに、ベテランから若手まで、入門としてまずは聴いてみてほしい落語家、そして落語自体の魅力を紹介してもらいました。

落語は、誰の、どんな噺《はなし》を聴いたのか、それを聴いている自分がどう楽しめたのかという、一期一会の体験です。本書で紹介しきれないほど、現在の落語界は才能ひしめく時代を迎えています。

ぜひ、生の落語の高座をお楽しみください。

柳家小三治

落語界で3人目の「人間国宝」

柳家小三治 やなぎやこさんじ

1959年に五代目柳家小さんに入門、1963年に二つ目昇進、
1969年に真打昇進、十代目「柳家小三治」を襲名。
2010～14年まで落語協会会長を務めた。
2014年に重要無形文化財保持者（人間国宝）に認定された。

人間という存在の「可愛さ」を自然体の高座で描く達人

　五代目柳家《やなぎや》小《こ》さん、三代目桂米朝《かつらべいちょう》に次ぎ、落語界で三人目の人間国宝となった柳家小三治。まぎれもなく現役最高峰の演者であり、「昭和の名人」の系譜に連なる最後のひとりだ。

柳家小三治

やなぎやこさんじ

といっても、いわゆる「名人芸」の人というイメージではない。高座で楽しく「おはなし」を聴かせる人。それが今の小三治だ。

　もともと小三治は抜群に「巧《うま》い」演者だった。だが年を重ねるにつれて、落語は「芸をみせる」ものではなく、「おはなし」をするものなのだ、という境地に入っていった。それは「芸の開眼《かいげん》」といっていいだろう。

「落語とは、高座の上の空間に、何気なく会話している人たちの姿が浮かぶものでなければいけない」と小三治は言う。「観客は、高座の上で生きている人たちの会話を聴いて、つい笑ってしまう。それが落語だ。演者が意識して客を笑わせようとしてはいけない。客に語りかけるのはマクラだけでいい」と。

　小三治のマクラの面白さは有名だ。「マクラ」とは落語の演目に入るための導入部のことだが、小三治は高座に出てきたらたいていの場合、演目とは関係のない「随談《ずいだん》」を長々と語る。自らの日常に起きた出来事や興味のあること、そのとき思いついたことなどをとりとめもなく話すだけなのに、それが「芸」になっている。マクラが長くなりすぎて、ときには落語を演《や》らずに高座を降りることさえあるが、それでもファンは喜ぶ。マクラが落語一席分に匹敵するほどの満足感を与えてくれるからだ。

だがもちろん、小三治の真価は落語の素晴らしさにこそある。いったん落語の演目に入ればそれまでマクラを語っていた「小三治という演者」は消え、ただ噺《はなし》の登場人物だけが現れて、生き生きと動き回る。そこで展開されるちょっとした騒動やドラマに観客は共感し、「人間って、なんて可愛《かわい》いんだろう」と思って、クスッと笑う。そして「それからどうなるの?」と引き込まれる。それが小三治の落語だ。

若いころの小三治は純粋に「落語の面白さ」を伝える演者だった。面白い台詞《せりふ》を誰よりも面白く言って笑わせる名手、それがかつての小三治だ。しかし「マクラの小三治」といわれるようになったころから小三治の落語はどんどん自然体になり、「取り立てて面白い台詞を言っているわけでもないのに、なぜか笑いがこみ上げる」場面が圧倒的に増えた。ちょっとした表情や仕草がやけに可愛くみえて、笑ってしまう。小三治は、そういう素敵な噺家になった。

（広瀬和生）

立川志の輔

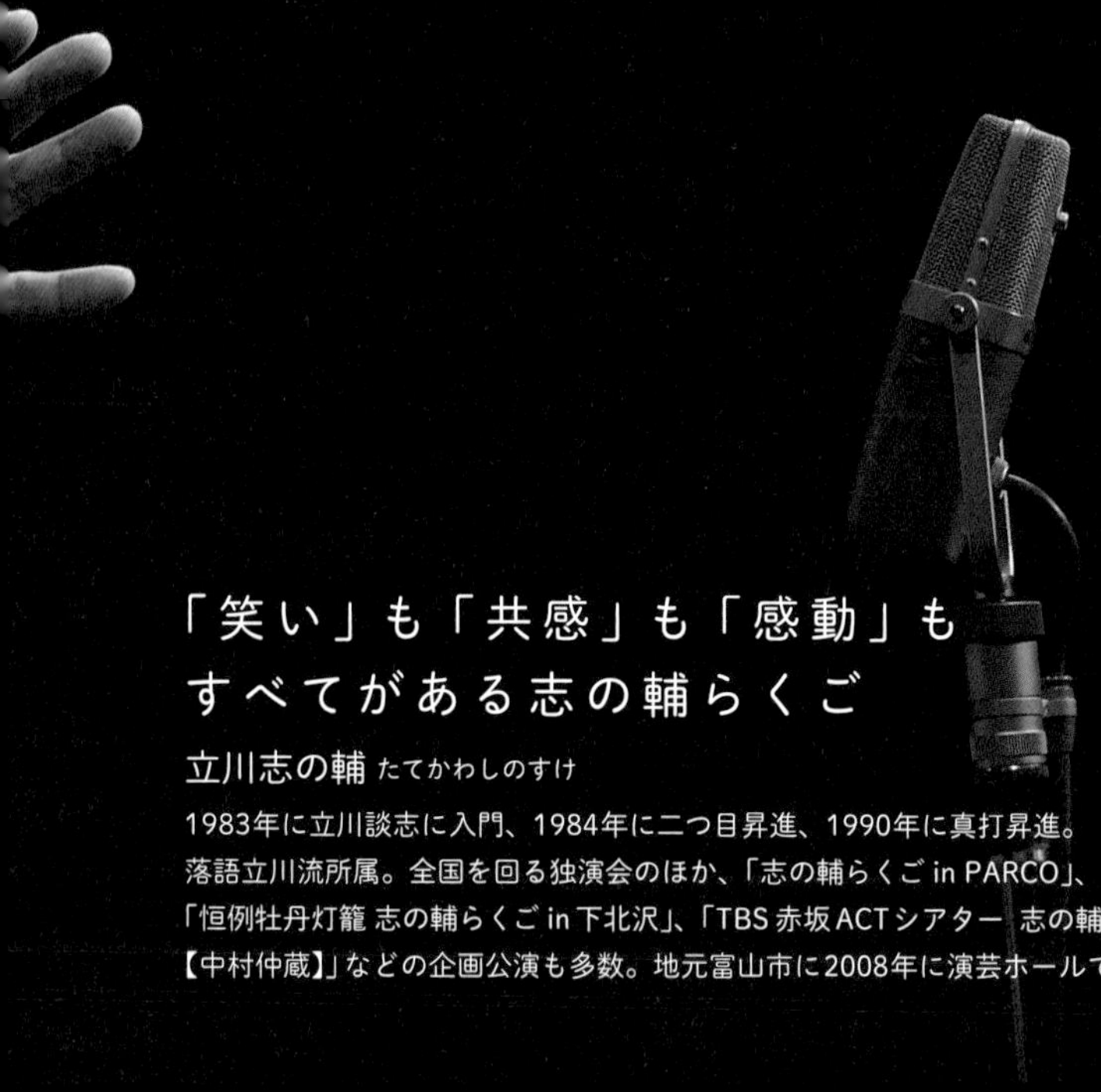

「笑い」も「共感」も「感動」も
すべてがある志の輔らくご

立川志の輔 たてかわしのすけ

1983年に立川談志に入門、1984年に二つ目昇進、1990年に真打昇進。

落語立川流所属。全国を回る独演会のほか、「志の輔らくご in PARCO」、

「恒例牡丹灯籠 志の輔らくご in 下北沢」、「TBS 赤坂ACTシアター 志の輔らくご 恒例【大忠臣蔵】【中村仲蔵】」などの企画公演も多数。地元富山市に2008年に演芸ホールてるてる亭を開いた。

立川志の輔

たてかわしのすけ

「志の輔らくご」は普遍的なエンターテインメント

現在、もっとも観客動員力がある落語家は立川志の輔だ。落語界が低迷した一九九〇年代、彼は臨機応変に世相を語る熟練の時事トーク、すべての日本人の共感をよぶ新作落語、現代人の視点で構築し直した古典落語という「三位一体」で成る「志の輔らくご」によって、着実にリピーターを増やしていった。笑いもあれば感動もある。わかりやすいが奥も深い。新鮮な演出と巧みな話術が織り成す「志の輔らくご」の普遍的な魅力は、世代も性別も超えて、すべての日本人にアピールする。志の輔という逸材の存在は、落語界の流れを大きく変えた。

志の輔の独演会は落語会というより「ショウ」という感覚に近い。その端的な例が一九九六年に始めた渋谷パルコ劇場での公演である。年末数日間の興行から公演日数がどんどん増えていき、二〇〇六年から正月の一か月間開催となったこの人気公演、転換点は二〇〇一年だった。この年、社長から父に勤続三十周年の記念品として鹿の剥製《はくせい》を贈られた家庭の当惑を描く『ディアファミリー』を語り終えた志の輔が高座を降りると、舞台後方から本物の鹿の剥製が登場したのである。『メルシーひな祭《まつ》り』の後に登場する人間ひな飾り、『歓喜《かんき》の歌《うた》』の後でママさんコーラスが『第九』を歌うといった大がかりな演出は、ここから始まった。

その集大成が二〇一一年初演の『大河《たいが》への道《みち》』である。初めて日本地図を作った伊能忠敬《いのうただたか》を大河ドラマの主役に、というプロジェクトの顛末《てんまつ》を描いたこの作品は、長い地の語りから「劇中

劇」を含む新作落語を経て、映像と音楽が一体となった感動のフィナーレへと向かう。まさに極上のエンターテインメントだった。

二〇〇六年、志の輔は下北沢の本多《ほんだ》劇場で『怪談牡丹灯籠《かいだんぼたんどうろう》』全編を語る公演を始め、ここでも舞台空間を利用した大オチという手法を用いている。さらに赤坂ACTシアターでは『仮名《かな》手本忠臣蔵《でほんちゅうしんぐら》』全段を解説してから『中村仲蔵《なかむらなかぞう》』を演じる公演を定着させるほか、EXシアター六本木や銀座・観世《かんぜ》能楽堂といった新たな施設が誕生するたびに志の輔の企画公演が行われるなど、落語界のトップランナーとしての勢いは増すばかり。二〇一六年をもって休止していたパルコ公演も二〇二〇年には復活している。

「志の輔らくご」にはプロフェッショナルなエンターテイナーとしての「おもてなしの心」が込められている。志の輔は、すべての観客を必ず満足させることを目ざし、それを完璧に実践している希有《けう》な演者なのだ。

（広瀬和生）

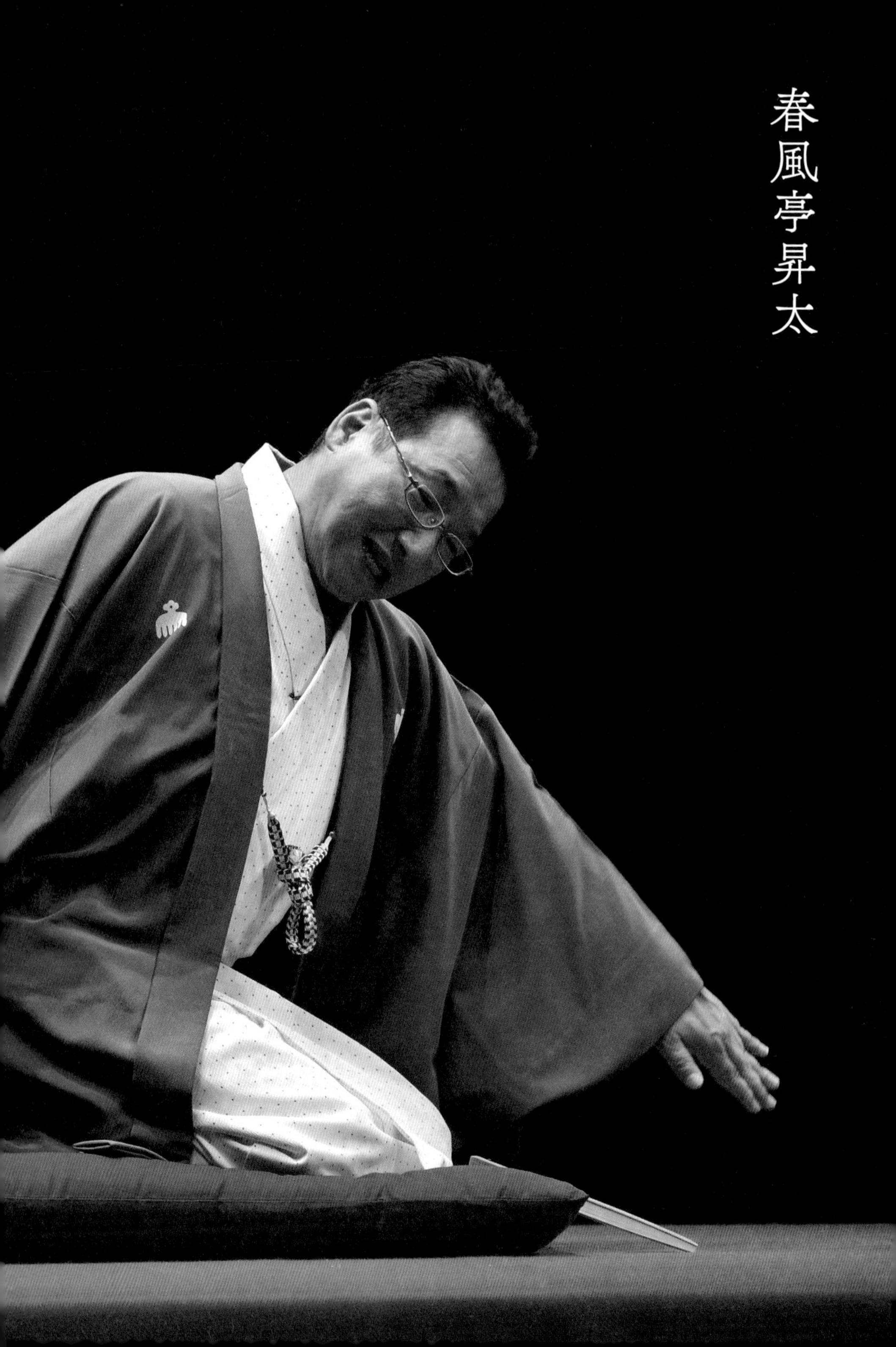

春風亭昇太

新作も古典も
強烈な個性を放つ「昇太スタイル」

春風亭昇太 しゅんぷうていしょうた

1982年に五代目春風亭柳昇に入門、1986年に二つ目昇進、
「昇太」と改名。1992年に席亭推薦による抜擢真打昇進。
2004年にSWA（創作話芸アソシエーション）の活動を開始した。
2019年に落語芸術協会の会長に就任。

春風亭昇太《しゅんぷうていしょうた》

新作派だけど古典も凄い！
「面白い落語」の第一人者

この人ほど「笑わせる」ということに貪欲な落語家も珍しい。マクラ（独演会ならオープニングトーク）から快調に飛ばして観客を自分の世界に引き寄せ、落語に入るとさらにパワーアップ、場内を爆笑の渦に巻き込む。

昇太は「等身大の若者が演じるコントみたいな新作落語」のパイオニアだ。今でこそ「コントみたいな新作」は珍しくないが、それはすべて昇太の影響下にある。落語の常識にとらわれない「お笑い」としての面白さを追究した昇太の登場は衝撃的だった。軽薄な口調、伝統的な美学とは程遠い仕草、深みのない内容と、三拍子揃《そろ》った昇太の新作落語は、古典マニアに毛嫌いされたが、若者（特に女性）に支持され、新作のステイタス向上に大きく寄与した。

そんな「新作の旗手」昇太だが、実は古典もたくさん演《や》る。というより「昇太は古典こそ面白い」のである。落語にある種の取っつきにくさを感じていた人も、昇太の古典を聴けば「落語ってこんなに面白かったの!?」と驚き、確実に落語にハマることになる。

昇太は古典落語のなかにある「面白さのエッセンス」を的確に抽出する演者だ。滑稽噺《こっけいばなし》の面白さを徹底的にデフォルメし、自らの強烈な個性で個々の噺を完全に「昇太スタイル」に創《つく》り変える。そうして出来上がった「昇太の古典」は、「昇太の新作」同様、落語という枠を超越した「爆笑コント」としての輝きを放つ。

「人は追い詰められるとヘンなことをする。それを描くのが落語だ」これは昇太の持論だ。滑

稽噺の本質を衝《つ》いた名言である。そして昇太は、その「追い詰められてヘンなことをする人」を演じるのが天才的に上手《うま》い。その意味で、僕は昇太を「名人」だと思っている。

明治以来の寄席の世界は、人情噺《にんじょうばなし》を得意とする「作品派」と大衆に支持される「ポンチ絵派（＝爆笑派）」との両輪で支えられてきた。そして「昭和の名人」と言われた古今亭《ここんてい》志《し》ん生《しょう》は「作品派」ではなく「爆笑派」となってから売れた人だ。昇太の古典の「壊し方」はある意味、志ん生にも通じる。そのうえ、昇太は「現代的な爆笑新作」のパイオニアでもある。こんな凄《すご》い「二刀流」の使い手は落語史上初めてだ。

「絶対に笑わせてやる！」という強烈な自己主張に満ちた昇太の落語の世界。それは、あくまでバカバカしく、だからこそ素敵だ。古典も新作も爆笑トークもひっくるめた「昇太スタイル」は、彼にしかできない最高のエンターテインメントなのである。

（広瀬和生）

立川談春

ＴＶドラマや映画でも活躍する全国区の人気者

立川談春　たてかわだんしゅん

1984年に立川談志に入門、1988年に二つ目昇進、
1997年に真打昇進。落語立川流所属。
2019年には『立川談春35周年記念公演 玉響〜 tamayura〜』を開催、
さだまさしや斉藤和義など豪華ゲストが落語に対するアンサーソングを歌う異色の公演となった。

立川談春

たてかわだんしゅん

圧倒的な迫力で観客を虜にする
唯一無二の個性

　芸能界の大御所である、あの笑福亭鶴瓶《しょうふくていつるべ》をして、「この男は博奕《ばくち》うちですわ」とうならせる大胆不敵な高座。この名代の大勝負師が生まれたのには、確固たる理由がある。

「立川流は例えるなら映画『フィールド・オブ・ドリームス』のようなものです」と笑う談春。つまり寄席という環境をもたない立川流は、いわば野球場をもたない球団に等しい。ホームグラウンドがないので、それを作ることから始めなければならず、当然、一度失敗すると二度目はない。だから、次回また声がかかるように、前座のころから全力で、敵をなぎ倒すかのような真剣勝負を続けた。結果、この類を見ないギャンブラーが誕生したのである。

　多面体だった立川談志《たてかわだんし》は、多彩な門下を輩出した。そのなかで、談春がひときわ色濃く受け継いだと感じるのは、その〝迫力〟だろう。『三軒長屋《さんげんながや》』や『大工調《だいくしら》べ』での、本気でどなり倒しているとしか思えない威勢のよい啖呵《たんか》、『岸柳島《がんりゅうじま》』での背筋が凍るような恫喝《どうかつ》は、まさに唯一無二だ。また、講談に題材を得て、談志が練り直して作り上げた演目、『小猿七之助《こざるしちのすけ》』『白井権八《しらいごんぱち》』『妲妃《だっき》のお百《ひゃく》』といった噺《はなし》は、他の追随を許さない談春の独壇場である。

　近年ではテレビドラマ『ルーズヴェルト・ゲーム』で誰もが眉をひそめるような悪玉を、『下町ロケット』では、実直だがうちに情熱を秘めた難しい役どころを見事に演じ切り、役者としても評価を高めた。

　さらに忘れてはならないのは、自らの前座修行

を痛快な筆致で描いたエッセイ『赤めだか』。これは処女作ながら、野坂昭如《のさかあきゆき》や吉行淳之介《よしゆきじゅんのすけ》という錚々《そうそう》たる受賞者が名前を連ねる、講談社エッセイ賞に輝いている。

さて、では談春落語の最大の聴きどころはいったいなんだろうか。それは、物語のなかに見え隠れする、談春ならではの落語に対する答えではないだろうか。

『文七元結《ぶんしちもっとい》』で、なぜ娘が身売りしてまで用立てた大金を、見ず知らずの他人に渡したのか。『鼠穴《ねずみあな》』で、なぜ自分を虫のように追い払った兄を受け入れたのか。『百年目《ひゃくねんめ》』で大金をはたいて遊んだ番頭がなぜ許されたのか。答えは、ぜひ生《なま》の高座を体験していただきたい。なぜなら、その解釈は常に変化し続けているから。噺の最中に変わることも度々だという。まさに勝負師ならではだ。そしてまた心を奪われた者たちが、いま一度勝負をと、チケットを握りしめて、談春の高座に向かうのだ。

（青木伸広）

柳家喬太郎

インパクトある新作から、
重厚な古典まで
驚異的なまでに
可動域が広い落語家

柳家喬太郎 やなぎやきょうたろう

1989年に柳家さん喬に入門、1993年に二つ目昇進し、「喬太郎」と改名、2000年に真打昇進。落語協会所属。2019年には芸歴30周年記念落語会として、小劇団の聖地、下北沢のザ・スズナリで１か月連続公演を開催した。

柳家喬太郎

やなぎやきょうたろう

何度聴いても尽きない満足度
喜びと驚きと楽しさ満載の高座

もしも、あなたが柳家喬太郎の落語にまだ出会っていないのなら、それは幸せなことかもしれない。なぜなら、喬太郎落語を初めて聴く衝撃を今から味わえるのだから。客席に座ったら喬太郎の言葉に身を任せるだけでよい。古典から新作まで高座にかける噺《はなし》のカバー範囲が広いので、客層や季節や世相に合わせて、そのときの最良の演目を選んでくれる。滑稽噺《こっけいばなし》は徹底的に笑わせてくれるし、人情噺《にんじょうばなし》はあくまでも優しく心に届けてくれる。喬太郎の落語に心を奪われた聴衆は老若男女を問わず増え続けていて、主任を務める寄席や独演会はいつも大盛況だ。

二〇一九年十一月に下北沢ザ・スズナリで行われた落語家生活三十周年記念落語会『ザ・きょんスズ30』は、ファンからの祝福や初めて聴く人の喜びに満ち、一か月間三十公演すべてが満員御礼の快挙だった。

なぜ喬太郎の落語はこんなに満足感があるのだろう。それは、古典にしても新作にしても、落語の真髄にある楽しさを徹底的に追求しているからだろう。その根底に落語への求道的な愛すら感じる。

古典落語は、『おせつ徳三郎《とくさぶろう》』『ちりとてちん』『うどんや』など季節を感じる名作を実に味わい深く演じるし、『井戸《いど》の茶碗《ちゃわん》』『竹《たけ》の水《すい》仙《せん》』『寝床《ねどこ》』のように人物造形の面白さでぐいぐいと物語に巻き込む演目も強烈に面白い。『心眼《しんがん》』『双蝶々《ふたつちょうちょう》』のようなシリアスな噺のときにみせる緊張感ある鋭い眼光、『御慶《ぎょけい》』『禁酒番《きんしゅばん》屋《や》』のような楽しい噺のときの底抜けに明るい

笑顔、まるで登場人物が憑依《ひょうい》しているかのような表現に驚くばかりだ。

　長年埋もれていて今は誰も演《や》らなくなった古典演目にも新しい命を与えている。『縁切榎《えんきりえのき》』『錦《にしき》の舞衣《まいぎぬ》』など落語中興の祖・三遊亭圓朝《さんゆうていえんちょう》作品をはじめ、『擬宝珠《ぎぼし》』『綿医者《わたいしゃ》』『茶代《ちゃだい》』といった噺を速記本などを手がかりに復活させている。いずれも喬太郎ならではの逸品で希少価値も高い。

　改作も数多く、なんと古典落語とウルトラマンを合成した奇想天外な爆笑噺も複数ある。

　新作落語も確実に聴き手の心を捉えている。おじいちゃんの恋心を可愛らしく描く『ハワイの雪《ゆき》』、父と息子の少年時代がオーバーラップする『八月下旬《はちがつげじゅん》』、都市伝説の思い出話から優しい真実にたどり着く『路地裏《ろじうら》の伝説《でんせつ》』など、どれもが魅惑的だ。代表作『ハンバーグができるまで』は舞台化もされ大好評を博した。文芸作品の落語化にも挑戦し、小泉八雲《こいずみやくも》原作『重陽《ちょうよう》』、江戸川乱歩《えどがわらんぽ》原作『赤《あか》いへや』などを完成させている。

　SWA（創作話芸アソシエーション→一二四ページ）での作品群も含め、新演目は落語界の資産として確実に蓄積されている。

　汲《く》めど尽きない想像力の泉が、きっと喬太郎のなかにある。その湧き水を飲める喜びたるや。

（馬場憲一）

柳家三三

古典落語の名手、
近年では白鳥の新作も披露

柳家三三 やなぎやさんざ

1993年に十代目柳家小三治に入門、1996年に二つ目昇進し「三三」と改名、2006年に真打昇進。落語協会所属。二つ目時代から始まった毎月開催の独演会「月例三三」は160回を超えた。2013年には47都道府県を47日で回る落語会を敢行している。

柳家三三
やなぎやさんざ

『角度・深度・感度』優れた観察力をもった表現者

柳家三三という落語家は表現における角度、深度、そして感度がずば抜けている。以前、高座中の気持ちの置き方を聞いたときに語ったひとことが今でも忘れられない。「薄い膜の向こうにみえる風景をただ喋《しゃべ》っているだけ」。

泰然自若《たいぜんじじゃく》の境地で語っているように思えるが、数多くの高座撮影を通して、そのシンプルな言葉のなかに幾重にも重なった思考と経験則が一つになり、極上の世界が生み出されているのだと確信した。

表現者は一面、観察者でもある。三三師匠の情景の捉え方は決して一元的ではなく映像表現のひとつ、マルチカムのように目の前の事象を寄りと引きさまざまな方向から同時に映し撮《と》り、それを編集して形づくられている感覚がある。故に主人公だけに留まらず、取り囲む周囲の設《しつら》えや更にその先にある風景までが密度の高い落語空間として浮かび上がってくる。もちろん、広がる風景も、現れる人物もすべては実際に存在するものではなく演者各々が生み出したものではあるのだが、三三落語に出てくる人間（ときには人に在らざるもの）の造形はいつ見ても絶妙の距離感をもって描かれている。そのデッサン力の源泉は三三師匠の他者に対しての向き合い方に通底していると自分は感じている。それは常に謙虚であり続ける姿勢と同じ。その謙虚さのなかには、落語の本質である人間が織り成す滑稽《こっけい》で曖昧な人生をも受け止める優しい眼《まな》差《ざ》しがある。

落語の登場人物たちは、己に正直に善も悪も

欲望も、一筋縄ではない雑多な感情を受け入れ抱えながら懸命に日々を生きる。そんな切なくも愛《いと》しい人々の有り様をさまざまな角度からそっと見守り掬《すく》いとるように人物の心に寄り添っている。言葉を抽出し、細部にまで行き届いた流れるような美しい所作に乗せ表現された人物は、遠くにいるようでどこかで出会っていたような不思議な存在に感じることができる。

三三師匠は、ひたすらに目の前にある高座から、そして客席から立ち上る刹那《せつな》の感情を察知し、その落語空間を再構築し続けることで自身の存在を証明する。

美学も価値観も各々、基準などどこにもない。しかし柳家三三師匠の高座からは永く表現者として生き続けていけるか、朽ちていくかの差異がどこにあるかが解《わか》る。

角度、深度、感度、つまりは技術の差ではなく意識の差。日々積み重ねる微差がいずれ大差になっていく。

（橘蓮二）

春風亭一之輔

驚異の高座数をこなし、
全国ツアーも８年連続開催

春風亭一之輔 しゅんぷうていいちのすけ

2001年に春風亭一朝に入門、2004年に二つ目昇進し
「一之輔」と改名。2012年に21人抜きで真打昇進。落語協会所属。
2020年4月、コロナ禍で休止となった寄席のトリの時間に合わせ、
10日間連続落語配信を実施、
連日1万人を超えるリアルタイム視聴者を記録した。

春風亭一之輔

しゅんぷうていいちのすけ

古典の世界を現代に引き寄せて進化し続ける現代落語の旗手

二十一人抜きで真打昇進した春風亭一之輔の勢いは衰えることを知らず、活躍の場もどんどん広がり続け、今や東京を代表する人気落語家のひとりといっていいだろう。

一之輔は、古典落語の世界を現代の観客の手元にグッと引き寄せている。舞台は古典でも、そこには現代人の息吹が感じられる。だから問答無用で面白い。「古典」という言葉が連想させる固定概念を粉々に打ち砕くパワフルな「現代落語の旗手」、それが一之輔だ。

しかも一之輔の落語は日々、進化している。

この点にこそ、彼の非凡さがある。

一之輔は古典に独自の演出を施しているが、それが予定調和に陥ることは絶対にない。同じ演目でも必ずどこかしら前回と違っているし、ときにはアドリブで出た台詞《せりふ》に一之輔自身が笑ってしまうことさえある。その日のノリでどんどん暴走する一之輔はとても楽しそうだ。このライブ感がたまらない。そして素晴らしいのは、どんなに暴走しても着地点をきちんと用意し、落語を決して壊さないことだ。そこに僕は演者としての一之輔の天才性をみる。

多忙を極める売れっ子ながら着実にネタ数を増やしているのもさすがだ。持ちネタが「二百」に到達したのが二〇一七年。それが二〇二〇年には「二百十八」にまで増えている。

かつて一之輔は「目の前ですね、一席一席だな。常連さんや初めて来るお客さんに笑ってもらう、その責任を果たすだけです」と語った。ここにすべてが集約されている。

（広瀬和生）

一章

まずは聴いてほしい現代の落語

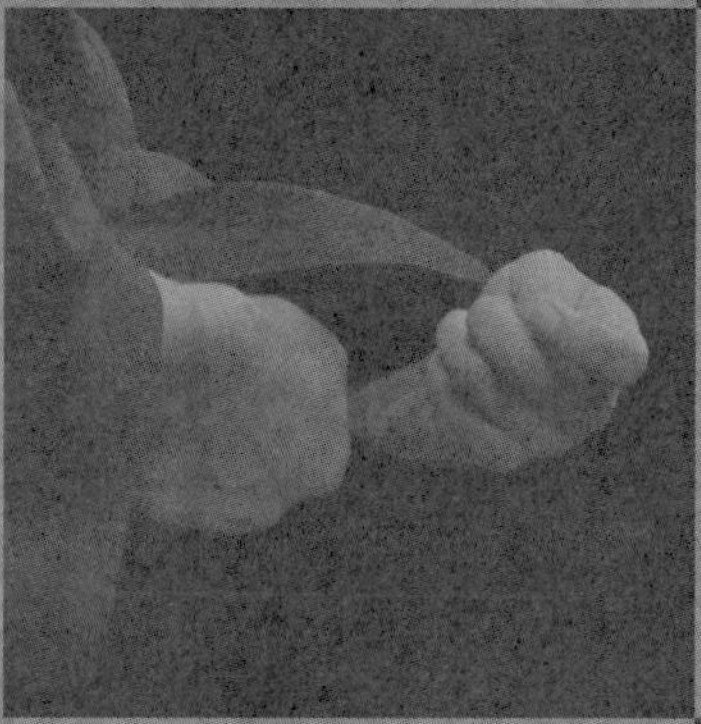

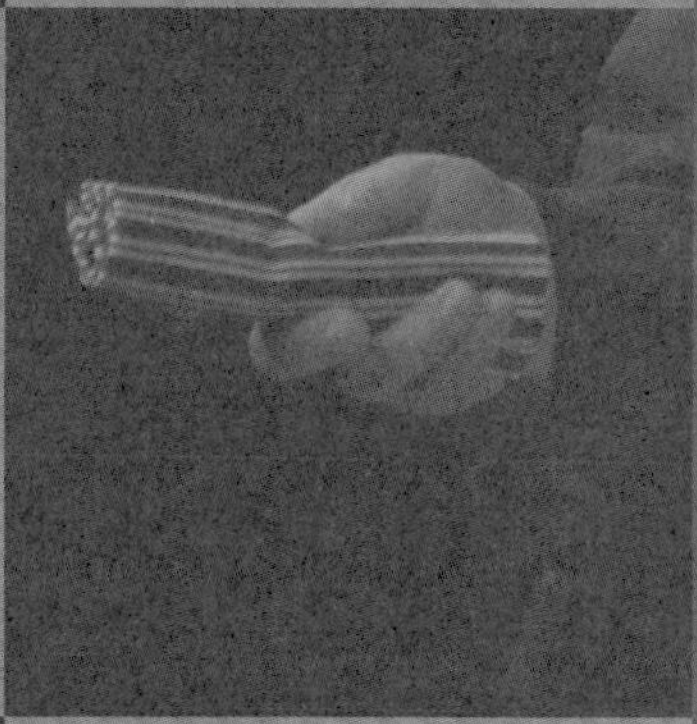

爛熟期を迎えた現代の落語界

広瀬和生

戦後落語界の危機のさなかにまかれた「落語ブーム」の種

江戸時代に生まれた落語という芸能は、明治から大正、昭和と時代が移り変わるなか、庶民の娯楽として親しまれてきた。だが戦後、落語が描く庶民の暮らしと実際の日本人の生活とのズレが大きくなりすぎたことで、時代背景を昔に設定したままで演じる落語を「古典落語」という造語でよぶ動きが生じた。その「古典落語」を代表する演者が八代目桂文楽《かつらぶんらく》*1、五代目古今《ここん》亭《てい》志《し》ん生《しょう》*2、六代目三遊亭圓生《さんゆうていえんしょう》*3といった「昭和の名人」たちだった。彼らの活躍により一九六〇年代から七〇年代にかけて「古典落語」は黄金時代を迎え、さらにその弟子の世代からも古今亭志《し》ん朝《ちょう》*4、立川談志《たてかわだんし》*5、三遊《さんゆう》

*1——桂文楽（八代目）
（一八九二〜一九七一年）
一九二〇年に文楽を襲名。『明烏』『船徳』などを得意とし、その洗練された高座が人気となった。

*2——古今亭志ん生（五代目）
（一八九〇〜一九七三年）
天衣無縫と評された昭和の名人。『火焔太鼓』や『黄金餅』などを得意とした。

*3——三遊亭圓生（六代目）
（一九〇〇〜一九七九年）
人情噺の大作から小噺まで、幅広く高座にかけた名人。昭和天皇の前で御前口演も行っている。

*4——古今亭志ん朝（三代目）
（一九三八〜二〇〇一年）
五代目志ん生の次男。小気味よい語りに、華と艶を兼ね備えたその高座は、本格派として落語ファンに愛された。

*5——立川談志（七代目）
（一九三六〜二〇一一年）
一九五二年に五代目柳家小さんに入門。古今亭志ん朝、三遊亭圓楽、春風亭柳朝とともに「寄席四天王」として人気を集めた。

亭圓楽《ていえんらく》＊6、柳家小三治《やなぎやこさんじ》といった優秀な「古典の担い手」も登場した。

だが時代が進むにつれ、大多数の凡庸な演者は「昭和の名人」の落語をそのまま継承するようになる。劣化コピーを聴くくらいなら、名人のレコードを聴くほうがマシだ。一九八〇年代に入り人気者の圓楽と談志が相次いで「圓楽一門会」「落語立川流」として独立したことも手伝い、伝統的な寄席の世界は一部の落語通だけが通う場所となってしまう。一九九〇年代は歴史上もっとも落語人気が低迷した時代といっていいだろう。

ただし、一九九〇年代に人気を高めた若手もいた。立川志《し》の輔《すけ》、立川志《し》らくといった「談志の弟子」たちだ。志の輔は落語を普遍的なエンターテインメントとして広く世間にアピールし、志らくは若い客層に「現代的な古典」の面白さを伝えた。だがその一方で、落語協会と落語芸術協会という二大協会が出演する寄席には閑古鳥が鳴くありさま。こうしたなか、落語界の活性化のために「協会の壁を越えたイベントを」と動き始めたのが春風亭小朝《しゅんぷうていこあさ》＊7だった。

危機から一転、「落語ブーム」を支えた落語家新世代の登場

二〇〇一年、悲劇が襲った。落語界の至宝、古今亭志ん朝が六十三歳の若さで亡くなったのである。二十一世紀の落語界を牽引《けんいん》するはずの名人の死は

八三年に落語協会から一門として脱退、立川流を創設した。

＊6――三遊亭圓楽（五代目）（一九三二～二〇〇九年）
人情噺を得意とし、『笑点』の大喜利司会としてテレビでも人気となった。六代目三遊亭圓生の一番弟子で、一九七八年に圓生とともに落語協会から脱退、圓生の死後、圓楽一門は「大日本落語すみれ会（現・五代目圓楽一門会）」を創設した。

柳家小三治→六ページ

立川志の輔→一〇ページ
立川志らく→五〇ページ

＊7――春風亭小朝
二つ目のころから注目を集め、一九八〇年に三十六人抜きで真打に昇進。近年は「六人の会」などプロデューサー的な活躍もしている。

落語界に大きな喪失感をもたらした。翌二〇〇二年には「人間国宝」五代目柳家《やなぎや》小《こ》さん＊8が八十七歳で大往生。マスコミは「古典落語の灯が消えた」と書き立てた。

そのとき「まだ俺がいるじゃねえか！」と闘志を剥き出しにしたのが立川談志だ。ここからの談志の活躍ぶりは、まさに「全盛期」とよべるものだった。そして談志の弟子では志の輔、志らくに続き立川談春《だんしゅん》が大輪の花を咲かせることになる。

二〇〇三年、「重石《おもし》が取れた」といわんばかりに小朝が動き出す。協会の壁を越えた「六人の会」の旗揚げと「大銀座落語祭」に代表される各種イベントのスタートだ。小朝が協会の壁を越える動きを実現できたのは、志ん朝の死によって落語界全体が危機感を覚えていたからにほかならない。二〇〇五年には歌舞伎の名跡襲名《みょうせきしゅうめい》さながらの「九代目林家正蔵《はやしやしょうぞう》＊9襲名披露」のお練《ね》りが派手に行われ、落語の世界を舞台にしたテレビドラマ『タイガー＆ドラゴン』もヒットして、マスコミが「落語ブーム」と喧伝《けんでん》するようになる。

だが、小朝の仕掛けたお祭り騒ぎや人気ドラマで世間の目が落語に向いたとしても、実際に観た落語がつまらなかったら、人々は離れていってしまう。しかし、そうはならなかった。なぜなら「機は熟していた」からである。寄席が低迷した一九九〇年代に力を蓄えた中堅・若手層には、数多《あまた》の優れた人材が揃《そろ》っていた。初めて彼らの高座を観た人々は「落語って、こんなに面白

＊8——柳家小さん（五代目）（一九一五〜二〇〇二年）『粗忽長屋（そこつながや）』『うどんや』などの滑稽噺を得意とした。一九九五年に落語家で初めての重要無形文化財保持者（人間国宝）に認定された。

立川談春→一八ページ

＊9——林家正蔵（九代目）七代目林家正蔵を祖父に、初代林家三平を父にもつ。『蜆売り（しじみうり）』など人情噺に力を入れている。二〇一四年に落語協会副会長に就任した。

かったのか！」と驚き、リピーターとなる。それはまさしく「落語の再発見」だった。

かつての低迷が嘘《うそ》のような、二〇〇五年からの「落語ブーム」。その余波が続くなかで、落語界には新たな才能が次々と登場した。その最たる者が、春風亭一之輔《いちのすけ》である。二〇一二年に二十一人抜きの大抜擢《ばってき》で異例の単独真打昇進を果たしたこの若きスーパースターの出現により、いったん落ち着きかけた「落語ブーム」は再燃した。

二十一世紀の落語界は、ベテランが健在で、中堅に人材が揃い、若手が次々と育っている。正統派の名手もいれば、独創的な演出に才を発揮する者、改作落語を標榜《ひょうぼう》する者もいるし、新作派にもさまざまな才能がひしめいている。近年は女性落語家の活躍も顕著だ。落語は今、百花繚乱《ひゃっかりょうらん》の爛熟《らんじゅく》期を迎えている。物故名人の音源を聴くのは後回しでいい。まずは、この同じ時代を生きる現役落語家の高座を追いかけよう。それは「今」しかできないのだから。

春風亭一之輔→三〇ページ

春風亭一之輔

柳家さん喬

1967年に前座、1972年に二つ目昇進し、「さん喬」と改名、1981年に真打昇進。2017年紫綬褒章を受章。落語協会。

柳家さん喬

やなぎやさんきょう

細部に宿る落語の美学

舞台袖から現れると、うつむきがちにスタスタと高座まで歩き、お辞儀をするまで、まったく客席を見ない。顔を上げればにこやかな笑みを満面にたたえ、あの艶のあるふっくらした声で時候のあいさつをされれば、ほっとした空気が客席に漂い、たちまち魅了される。

まろやかな雰囲気と柔らかな物腰で緻密につくり上げていく噺《はなし》の構成、人物描写の卓抜さと繊細さを兼ね備え、詩情あふれるみずみずしい一席はドラマティックで綺麗《きれい》な高座で、『そば清《せい》』『水屋《みずや》の富《とみ》』『掛《か》け取《と》り』『鼠穴《ねずみあな》』などにそれが顕著だ。

長年、日本舞踊を嗜《たしな》み、名取《なとり》の腕前だ。そのせいか、高座にも所作のエレガントな風情が表れる。美は細部に宿るというが、さん喬は些細《ささい》な箇所を決しておろそかにせず、丹念に描く。聴衆も五感を総動員して見てしまう。緩急や声の強弱を駆使したリズムが耳に心地よい。高度な技術を高度と感じさせないさりげなさがある。さん喬の真骨頂は、ここにあると思う。

師匠である五代目柳家小さんを敬愛し、芸は型ではなくハラだという教えを胸に、多くの弟子を育てている。評価の高い人情噺《にんじょうばなし》だけでなく、滑稽噺《こっけいばなし》も本人は大好きなのだそうだ。落語のライブの楽しさと落語美学の素晴らしさ、楽しい空気を観客と共有したいという思いをもち、日々高座に臨んでいる。大看板となった今でも、人気と実力を兼ね備えたベテラン真打として、寄席でもホール落語会でも活躍している。

受賞歴も多く、CDやDVDも多数発売されているが、まずは生《なま》で、さん喬の高座に触れてほしい。

（佐藤友美）

五街道雲助《ごかいどうくもすけ》

陰も陽も自由自在に

両手をひざにきちんと置き、正面をきってにこやかに堂々としたマクラから、太く朗々と響く声で観客を噺《はなし》の世界に引き入れる。

『真景累ヶ淵《しんけいかさねがふち》』『怪談牡丹燈籠《かいだんぼたんどうろう》』『緑林門松《みどりのはやしかどのまつ》竹《たけ》』などの圓朝《えんちょう》ものや廓噺《くるわばなし》に定評があるが、寄席での短い出演時間で『ざるや』や『勘定板《かんじょういた》』などの滑稽噺《こっけいばなし》を軽くサッとやってワッと沸かして高座を去っていく姿は格好よく頼もしいし、大胆な『新版三十石《さんじっこく》』、気迫のこもった『もう半分《はんぶん》』、庶民の楽しさたくましさがあふれる『ずっこけ』や『大山詣り《おおやままいり》』など、なんでもござれで重い噺も軽い噺もいい、という振れ幅の大きさも魅力だ。圓朝ものに長い間じっくりと取り組んできたことが短い噺にも活《い》きている。圓朝ものの噺の途中で芝居掛かりになると、悪の凄味《すごみ》や二枚目の色気やむせかえるような女の香気が立ちのぼる。七十代になって、茶目っ気も全面に表れ、かわいさも同居してきてもはや最強かもしれない。寄席で出会えるとこの上もなく得した気分になる。

弟子は三人（桃月庵白酒《とうげつあんはくしゅ》、隅田川馬石《すみだがわばせき》、蜃気《しんき》楼龍玉《ろうりゅうぎょく》）だが、全員が雲助の芸風を分かち合ったかのようにバラバラ。しかしみな、落語界を牽引《けんいん》する活躍だ。弟子に対し、さしたる指導のないところが指導だったらしい。

本所《ほんじょ》で生まれ育ち、さっぱりとした粋《いき》が板に付いている。師匠である十代目金原亭馬生《きんげんていばしょう》の「なんでもいいんだよ、でもどうでもよくはない」精神を体現し、近年は高座をたゆたうように遊び楽しんでいる風情を感じさせ、かといってきっちり魅せるところはみせ、貫禄《かんろく》もじゅうぶんで、そして何よりほどがいい。

（佐藤友美）

五街道雲助
1968年に前座、1972年に二つ目昇進し、
「五街道雲助」と改名、1981年に真打昇進。
2016年に紫綬褒章を受章。落語協会。

柳家権太楼
1970年に前座、1975年に二つ目昇進、1982年に真打昇進し、三代目「柳家権太楼」を襲名。2013年に紫綬褒章を受章。落語協会。

圧倒されるエネルギッシュな爆笑落語

柳家権太楼

やなぎやごんたろう

柳家権太楼の高座は、いつどこで観てもパワーに満ちあふれ、エネルギッシュだ。

二〇一六年秋、第一六三回朝日名人会でトリの『井戸《いど》の茶碗《ちゃわん》』サゲ直前に、会場から拍手が起こった。この日、権太楼師はマクラを振らずにネタに入り、持ち前のギャグでぐいぐいと噺《はなし》をすすめた。それに応えて観客は沸きに沸く。盛り上がりは最高潮、いよいよクライマックスの直前。この素晴らしい熱演を早く称賛したいとの思いがつのりすぎたのか、サゲの言葉を待ちきれずにフライングで拍手が始まったのだ。

確かな力量をもつ演者のやる気と会場の空気がシンクロして起きた想定外の事態だ。音源収録のため控えていた楽屋通路まで大きな拍手と興奮が届き、驚いて客席を覗《のぞ》いた。落語を聴きなれている（すぎている？）朝日名人会の客席を、一部だけでなく全体を、ここまで沸かせるとは恐るべし。師匠の高座がもつ爆発力の凄さを、あらためて感じた瞬間だ。このときの『井戸の茶碗』は「朝日名人会ライブCDシリーズ　柳家権太楼13」として音源化されている。

あれから四年以上が過ぎた現在も、笑わせて笑わせて笑わせ倒す姿は変わらない。加えて近年は、年二回のペースで出演している朝日名人会で『心眼《しんがん》』や『藪入《やぶい》り』を高座にかけ、直近では『鼠穴《ねずみあな》』のネタおろしなど、笑いの少ない人情噺《にんじょうばなし》のニュアンスをもつ噺への取り組みにも精力的だ。

芸歴五十年を超える落語界の重鎮は、古希を過ぎさらに自由にそして楽しそうに落語を語っている。まだまだ、目を離せない師匠なのだ。

（吉岡勉）

柳亭市馬《りゅうていいちば》

スケールの大きなのびやかな高座

小学生のころから変わっていなさそうな、人のよさそうな顔。ソデから姿を現しただけでゴキゲンな明るさがこちらにも伝わってくる。芸のスケールが人並みはずれて大きい。今や五代目柳家《やなぎや》小《こ》さん一門の正統派として、落語協会会長として、獅子《しし》奮迅《ふんじん》の活躍だ。若い会長の存在は、若手が当事者意識をもって、協会のことを、ひいては落語界のことを考えるきっかけになっている。功績は大きい。

ニッコリと包み込むような笑顔。高座に漂う風情は、まさに春風駘蕩《しゅんぷうたいとう》という言葉がぴったり。柳派の正統派で噺《はなし》をへんにいじらず堂々と演《や》って面白い。落語の魅力、奥深さをじゅうぶんに知りつくしている。ゆったりと大河の流れに身を任せ包み込まれるような大らかさは市馬独自のものだ。全編を通して流れる市馬のリズムに酔いしれてほしい。わかりやすくて親しみやすいのに、結果的に落語通をうならせる質の高い一席になっている。

柄《がら》が大きく、声が太く朗々としているので侍言葉が映《は》える。無理に笑いをとる方向へは決して流れない。聴く者に不安を与えない。市馬の高座に安心して身をゆだね、すっぽり包まれながら聴くことができる。それでいて面白い。何百年と続く太い幹である古典落語の底力に全幅の信頼を寄せているのだろう。迷いのない力強い高座だ。大器が華開く、いよいよこれからもっと高みにいくと思う。

落語ファンの間で知らぬ者はいないほど、歌の上手《うま》さには定評があり、プロの歌手としても活動。浪曲界にスカウトされたほどの実力で、歌う姿も堂に入ったものだ。

（佐藤友美）

柳亭市馬

1981年に前座、1984年に二つ目昇進し、1993年に真打昇進、四代目「柳亭市馬」を襲名。2014年に落語協会会長に就任。

瀧川鯉昇
1975年に前座、1980年に二つ目昇進、1990年に真打昇進、2005年に「瀧川鯉昇」と改名。落語芸術協会。

瀧川鯉昇《たきがわりしょう》

登場から心をつかまれる魅惑の高座

高座へ上がり座布団に座り顔を上げ黙る。客席を見回しまだまだ黙る。放送なら事故、ＣＤなら不良品のクレームが来そうなくらいの沈黙が続き、耐えかねた客席からはくすくす笑いが起こる。おもむろに始まるマクラは、たいていが力の抜けた自虐だ。絶妙な間とばかばかしいオチ、声のトーンと話している内容があっていないこともあって毎回思わず笑ってしまう。

ちょっと怖い感じのおじいちゃん的なルックスからは想像できないよい声。飄々《ひょうひょう》としてとぼけた面白みと上品で心地よい口調。普通に落語をやってもじゅうぶん説得力があるのだが、タイトルからして怪しい『蕎麦処《そばどころ》ベートーベン』（『時《とき》そば』の改作）やモンゴル力士が登場する『千早《ちはや》ふる〜モンゴル編〜』など、定番の古典落語を大胆に改変した噺《はなし》がまた絶品で、なんでもありの自由自在さに驚かされる。その一方で、初見でこれは音源化して後の世に残すべきだと思った『御神酒徳利《おみきどっくり》』のように、大ネタを格調高くオーソドックスに聴かせてもくれる。

最近メディアで話題のイクメン落語家・瀧川鯉斗《こいと》や、新作ユニット〝ソーゾーシー〟で活躍中の瀧川鯉八《こいはち》など多くの弟子がいて、後進の育成にも抜かりはない。

そんな確かな力量をもつ、芸歴四十年を超えるベテランでありながら、そのふわふわとして脱力した高座には押しつけがましさや上から目線は一切なく、ただ毎回、単純に面白い。実に面白い。落語界は広くそして深いと感じさせられた存在であり、現在進行形で大好きな師匠だ。瀧川鯉昇ワールド、ライブでもぜひ体験していただきたい。

（吉岡勉）

三遊亭兼好《さんゆうていけんこう》

創作力あふれる圓楽党のエース

東京の落語界には落語協会、落語芸術協会、五代目圓楽《えんらく》一門会（通称「圓楽党」）、落語立川流の四団体がある。この十年ほどでメキメキ頭角を現し、現代落語界の最前線で大活躍する三遊亭兼好は、押しも押されもせぬ「圓楽党のエース」である。

兼好の最大の持ち味は、元気いっぱい明るく楽しく観客をもてなす「サービス精神」にある。高座に上がると第一声からテンションはマックス。そこから飛び出す時事マクラは、毒がたっぷり含まれているにもかかわらず、人懐っこい笑顔とハリのある声の明るいトーンが毒気を感じさせず、誰もが素直に笑ってしまう。

ネタ数は豊富で、どんな噺《はなし》を演《や》っても明るく楽しい「兼好らしさ」に満ちている。特筆すべきはその突出した「創作力」だ。ここで言う「創作力」とは古典の演目を独創的にアレンジする能力のこと。どんな噺にも兼好はユニークで効果的な演出を施し、全編独自の台詞《せりふ》回しに満ちている。最低でも二時間はかかる『ちきり伊勢屋《いせや》』全編を五十分の濃厚なドラマにつくり直した才能には驚かされた。ただ短縮したのではなく、要所に独自の解釈を加え、より感動的な物語へと再構築したのである。

兼好は、初めて落語を聴いた人でも自然に溶け込める敷居の低さと、落語通を唸《うな》らせる「巧《うま》さ」をあわせもっている。テンポよく演じるメリハリの効いた高座は観客を決してそらさない。この逸材が、かつて二〇〇五年ごろの「落語ブーム」の波に乗り遅れた感があった圓楽党から出現したことは、東京の落語界にとって非常に大きな意味をもつといえるだろう。

（広瀬和生）

三遊亭兼好
1998年に前座、2002年に二つ目昇進、2008年に真打昇進し「兼好」に改名。五代目圓楽一門会（圓楽党）。

立川志らく
1985年に前座、1988年に
二つ目昇進、1995年に真
打昇進。落語立川流。

立川志らく《たてかわしらく》

「現代的な古典」のパイオニア

寄席の世界が低迷した一九九〇年代に、立川《たてかわ》志《し》の輔《すけ》ともう一人、重要な役割を果たしたのが、「落語は老人向けの古臭い娯楽なんかじゃない」ということを若い世代にアピールした立川志らくである。彼は江戸落語の枠組みのなかで現代的なギャグセンスを存分に発揮、その後の落語界に大きな影響を与えた。

今でこそ桃月庵白酒《とうげつあんはくしゅ》や春風亭一之輔《しゅんぷうていいちのすけ》が古典で当たり前のように現代のギャグを入れるが、当時はそうした演出を「邪道」と決めつける向きも多かった。その風潮のなかで志らくが奮闘したことは、二十一世紀に落語界が興隆を迎えるための重要な「地ならし」だったといえる。

志らくの根幹にあるのは、強烈な「落語愛」だ。「古典落語は優れたエンターテインメント。現代の観客に通用しないとすれば、それは演者の怠慢である」というのが彼の考え方で、事実、志らくの「現代的な古典落語」は若者にウケた。ただし重要なのは、志らくが古典の演者として巧《うま》くて魅力的であるということである。当時の若手のなかで、志らくの巧さは突出していた。現代的な台詞《せりふ》回しで演出を大胆に変えても古典落語としての美学を失わないのは、志らくの芸人としての資質によるものだ。

かつては洋画の名作を江戸を舞台とする落語につくり替える「シネマ落語」が人気を博した志らく。自ら主宰する劇団「下町ダニーローズ」の演劇と落語を一体化させた「演劇らくご」公演を行っていた時期もあったが、近年では「落語」と「独り語り」と「一人芝居」を総合した独自の新作落語のスタイルに挑戦する公演も行い、それは見事に実を結んでいる。

（広瀬和生）

林家たい平

はやしやたいへい

通底するのはしみじみとしたやさしさ

サービス精神のかたまりだ。観客を大切に思い、とことんもてなしたいという思いが笑いに包まれた高座から伝わってくる。観客の気持ちを鋭く感じ取る繊細さは落語そのものにも向けられ、先人の演出に推敲《すいこう》を重ねて、たい平ならではの作品に練り上げている。

江戸の夏の幕開けである川開きの花火を題材に、職人が権力を笠《かさ》に着る武士に立ち向かう『たがや』。名作として誰もが疑わないが、首が飛ぶというサゲはグロテスクだと感じる人々も多いのではと、たい平は一歩引いて考えている。だから彼の『たがや』にはサゲに温かい修正が加えられている。

奉公先から三年ぶりに親元へ帰ることが許された、我が子との対面を描いた『藪入《やぶい》り』は、奉公も藪入りも体験することがなくなった今、演じる意味すらないだろうといわれていた噺《はなし》である。子供の成長にとまどいながらも喜びが隠せない親心を明確にすることにより、親子の情愛を描く普遍的な一席としてよみがえらせた。

『芝浜《しばはま》』では、人はともすると酒におぼれ、抜け出せなくなるほど弱い存在であることを強く示したうえで、そこから立ち直ろうとする苦難を夫婦愛とともに描いてみせる。この作品はライフワークとなっており、毎年演じ続けることによって人物に人間的な深みが増してきている。一生をかけて噺をつくり上げようとする決意がみえる。

落語の魅力をもっと多くの人々に広めたいと願うたい平にとって、観客に寄り添うことが落語に新たな息吹を吹き込むことになり、自身の芸の研鑽《けんさん》にもつながっている。

（布目英一）

林家たい平
1988年に前座、1992年に二つ目昇進、2000年に真打昇進。落語協会。

三遊亭白鳥
1987年に前座、1990年に二つ目昇進、2001年に真打昇進し、「白鳥」と改名。落語協会。

林家彦いち
1989年に前座、1993年に二つ目昇進し、「彦いち」と改名、2002年に真打昇進。落語協会。

三遊亭白鳥

さんゆうていはくちょう

希代のストーリーテラー

奇想天外な新作落語で人気の三遊亭白鳥。彼は現代落語界を代表する希代のストーリーテラーだ。次々に傑作を生み出し続ける白鳥の創作力には目をみはるものがある。

ジャージみたいな着物で登場して「荒唐無稽《こうとうむけい》な新作を演《や》ります」と宣言する白鳥の作品は、実に多岐にわたっている。スーパーの食品売り場で豆腐とチーズが闘争を繰り広げる『豆腐屋《とうふや》ジョニー』のように「人間以外」が主役の噺《はなし》も多く、渡世《とせい》ブタの豚次《ぶたじ》が男を磨く全十話の『任《にん》侠流《きょうなが》れの豚次伝《ぶたじでん》』は今や代表作。落語家が出てくる噺も目立ち、白鳥自身が投影されるQ蔵《きゅうぞう》シリーズのほか、美内《みうち》すずえ公認の『落語《らくご》の仮面《かめん》』シリーズ（二人の女性落語家が鎬《しのぎ》を削る物語）も全十話の連続ものとして完成をみた。

白鳥の真骨頂は、時間と空間を超えて展開する壮大なストーリー展開にある。ダイナミックなドラマのなかに巧みに張り巡らせた伏線の数々が見事に収束して大団円を迎えるカタルシスは謎解き小説のようだ。表面的には「危ないギャグ」を連発して笑いを取る白鳥だが、そういう「白鳥ギャグ」を取り去って物語そのものの骨格をみると、実によくできているものが多い。江戸時代を舞台にした白鳥の擬古典《ぎこてん》『鉄砲《てっぽう》のお熊《くま》』を五街道雲助《ごかいどうくもすけ》が演じたときには、あたかも圓朝《えんちょう》作品のような重厚さを感じたものだ。

白鳥は「自分でつくった物語を表現する手段」として落語を選択した演者だ。それを邪道と決めつける声は、物語の圧倒的な面白さによって封じ込められた。白鳥の壮大なホラ噺の世界は今なお進化し続けている。そんな白鳥に、いずれは三遊亭「圓鳥《えんちょう》」を名乗ってもらいたい。

（広瀬和生）

林家彦いち

はやしやひこいち

「面白いこと」を喋り倒す達人

高校では柔道部、国士舘大学時代には極真空手で最強の男を目ざした「落語界の武闘派」林家彦いち。彼は自分の体験を面白く語って聞かせる達人だ。だからマクラがメチャメチャ面白い。空手家の先輩のエピソードを並べた漫談は鉄板ネタ。夜の京浜東北線内での「キレる若者」と無責任な乗客たちを描いた傑作『睨《にら》み合《あ》い』や、自伝的落語『長島《ながしま》の満月《まんげつ》』『新聞少年《しんぶんしょうねん》』などは「マクラの発展形」といえそうだ。

彦いちの新作は「人間という存在の面白さ」を描く。題材はさまざまだが、鬼とよばれた女柔道家の純愛『青畳《あおだたみ》の女《おんな》』、タイから日本のボクシングジムに来た青年の奮闘『掛《か》け声《ごえ》指南《しなん》』といった体育会系の傑作、タイムスリップして過去の自分と出会う『私《わたし》と僕《ぼく》』や人に翼がある並行世界を描く『つばさ』といったSF系は彦いちならでは。落語という形式そのものが仕掛けのメタ落語『という』もSF的な発想だ。

実生活ではヒマラヤに登るなどアウトドア経験が豊富で、それは爆笑トークのネタになるだけでなく、カヌーでユーコン川を下った経験は新作落語『愛宕川《あたごがわ》』を生み出した。

実は古典も演っている。彦いちの古典は肉体を駆使した「見せる落語」という性格が強いのが特徴だ。たとえば『青菜《あおな》』では植木屋が「鞍《くら》馬《ま》から牛若丸《うしわかまる》がいでまして」のくだりを「体で覚える」という荒技が飛び出したりもする。

面白いことを「喋《しゃべ》り倒す」。それが彦いちの真髄だ。新作も古典もトークもすべて「面白いことを伝えたい」という強烈な欲求が原点にあり、彦いちはそれを全身全霊で実行する。それこそが「彦いち噺《ばなし》」の魅力なのだ。

（広瀬和生）

立川談笑
1993年に前座、1996年に二つ目昇進、2003年に六代目「立川談笑」を襲名、2005年に真打昇進。落語立川流。

桃月庵白酒
1992年に前座、1995年に二つ目昇進、2005年に真打昇進し、三代目「桃月庵白酒」を襲名。落語協会。

立川談笑《たてかわだんしょう》

改作落語のエキスパート

改作落語のエキスパート・立川談笑。彼は早くから「現代における大衆芸能としての落語のあり方」をアグレッシブに追究してきた。

談笑は自由な発想で古典落語を「現代人にわかりやすい噺《はなし》」につくり替える。「現代人が古典を古臭いと感じるのは当たり前。だが、その古臭さを取り除けば面白くできる」、これが談笑の考え方だ。そのために談笑は噺の時代設定を現代に移し替えることも少なくない。『紺屋《こうや》高尾《たかお》』の花魁《おいらん》を現代のトップアイドルに置き換えた『ジーンズ屋《や》ようこたん』、大店《おおだな》の旦那と番頭を有名グループ企業の会長と子会社の社長に置き換えた『百年目《ひゃくねんめ》・改《かい》』、田舎から江戸に出てきた兄弟を中国福建省《ふっけん》から日本に来た兄弟に置き換えた『鼠穴《ねずみあな》・改《かい》』……。日本から海外に舞台を移した『シシカバブ問答《もんどう》』もある。

こうした「改作」はウケ狙いではない。もともと落語は「古典」などではなく、同時代人が共感する身近な大衆芸能だった。舞台背景が身近ではなくなったら、身近なものに置き換えるべきだ。それが談笑の論理的帰結である。

時代が変われば価値観も変わる。古典に存在する男尊女卑の考え方は、現代人には受け入れがたい。『子別《こわか》れ』や『お直《なお》し』といった演目ではそうした点にもメスを入れている。

一方で、『品川心中《しながわしんじゅう》』を『居残《いのこ》り佐平次《さへいじ》』の外伝に位置付けてみたり、『死神《しにがみ》』という物語の構造をつくり替えてみたりと、マニアックな試みも多い。『富久《とみきゅう》』や『芝浜《しばはま》』では従来の「噺の穴」を塞ぐための新演出を考案している。

初心者にも親しみやすく、マニアをも唸《うな》らせる。それが談笑の改作落語の世界なのだ。

（広瀬和生）

桃月庵白酒《とうげつあんはくしゅ》

白酒版滑稽噺が快進撃中！

古典落語を少し聴き慣れてきたという人は、ぜひ桃月庵白酒の高座を楽しんでほしい。先達が培ってきた古典を独自のセンスで磨き上げ、客席を大爆笑の渦に巻き込んでいる。たとえば、滑稽噺《こっけいばなし》の聖域として誰ひとり改良を加えなかった昭和の名人・古《こ》今亭《こんてい》志《し》ん生《しょう》の傑作『火焔太《かえんだい》鼓《こ》』にも、白酒は驚くべきアレンジを施し、より魅力的な噺《はなし》に仕上げた。これについて本人は「尊敬する志ん生師匠が今いらっしゃったら、同じ演目をずっと変わらない形で演《や》ることをなんて言うかなと思い、この古今亭の宝を大事に演っております」と謙虚に述べている。この噺の中盤、太鼓を売りたいが為に「売る」の声が「ウル～ル～」となり、「これ！　キタキツネを出すでない」と返答される奇抜な展開がある。古典落語の地口《じぐち》遊びに新感覚を加えて笑いを倍増した成功例だ。そればかりか、主要人物の道具屋夫婦の会話の随所にユーモラスな言葉をちりばめて愛情たっぷりの喜劇に仕上げた。

このように噺を崩さず笑いを増幅する白酒の才能は快進撃中だ。人情噺《にんじょうばなし》の名作『芝浜《しばはま》』をほのぼのした滑稽噺にしたり、『お化《ば》け長屋《ながや》』の笑いの少ない後半を工夫して全編通して爆笑にしたり、『文違《ふみちが》い』など廓噺《くるわばなし》の恋の駆け引きを胸キュンなラブコメにしたりと実力を発揮している。

なんと、この持ち前のギャグセンスで新作落語もつくっている。二〇一三年には、柳家喬太《やなぎやきょうた》郎《ろう》と鈴本演芸場席亭《せきてい》からの提案で「白酒の裏切り・さよなら古典おはよう新作」なる新作縛りの主任興行が打たれ、連日満席となった。

今、白酒の滑稽魂は益々燃え盛っている。

（馬場憲一）

橘家文蔵

1988年に前座、1990年に二つ目昇進、2001年に真打昇進、2016年に三代目「橘家文蔵」を襲名。落語協会。

入船亭扇辰

1989年に前座、1993年に二つ目昇進し「扇辰」と改名、2002年に真打昇進。落語協会。

橘家文蔵

たちばなやぶんぞう

大胆なハプニング性と、秀逸なテクニックを兼備

かつては「楽屋の模範囚」と自称するほど無頼《ぶらい》派の匂いが漂う、ひと昔もふた昔も前にいたタイプの破天荒芸人だった。それが、師の名跡《みょうせき》・文蔵を継承する前後から、ネタ数も芸格も飛躍的に伸び、今や落語協会が誇る一枚看板となった。

豪快な言動や逸話の数々から、一見して、一か八かの高座で切り抜けるタイプにみえるが、その言葉選びはとても繊細。語り口には、江戸の伝統を重んじた大師匠・林家彦六《はやしやひころく》から受け継がれた、筋を通す昔気質《かたぎ》が、しっかりと根付いている。

主人公を地でいくような『天災《てんさい》』、夏の定番となっている『青菜《あおな》』。いわゆるオウム返しの噺《はなし》が好きだとは本人の談だが、それはまさに聴く者のニーズにも合って、リクエストも多い人気ネタだ。また、先代が手がけた松本清張《まつもとせいちょう》作品などにも挑戦。常に亡き師の面影を追い続けている。

トリも取れるほど爆笑をとる『道灌《どうかん》』や、次の演者に無茶振りをする『千早《ちはや》ふる』など、寄席の出番もとても楽しみだ。

時折、ハッとするような過激な表現も交えながら、ボソボソと独白のように語り始める、独特のマクラはこの人ならではの味わいで、もっとフリートークを聴きたいというファンも多い。羽目を外す部分と、極めてきめ細やかな脚色が混在する高座。それはまさに、「ライブ」の魅力だろう。

無頼の香りは、入会金を「盃料《さかずきりょう》」、年会費を「みかじめ料」、その名を「文蔵組」という、自身のファンクラブにも残っている。

（青木伸広）

入船亭扇辰《いりふねていせんたつ》

情景浮かぶ正攻法の落語

　人気落語家はみな、個性が際立つ。昔ながらの演目に新たなストーリーを加えたり、人物を誇張して描いたり、独自の解釈で新しい人物像をつくり上げたりしている。落語が大衆芸能としていつの時代にも受け入れられてきたのはこうした表現の積み重ねによるものだろう。その一方で的確な描写を行うという古典芸能としての正攻法で独自色が光る演者もいる。入船亭扇辰はまさにそのひとり。どの演目においても鮮やかに情景が目に浮かぶ。『蒟蒻問答《こんにゃくもんどう》』という上州安中《じょうしゅうあんなか》の古びた寺を舞台にした演目では、しんとした夜、すき間風もいとわずに男二人が酒盛りをしている姿が、また『紫檀楼古木《したんろうふるき》』というキセルの筒（羅宇《らう》）のすげ替えをする老人の噺《はなし》では、すげ替え作業を行う老人のごつごつとした武骨な手がほうふつとする。

　扇辰の師匠、扇橋《せんきょう》は俳人でもあり、その日の出来事を詩情豊かに描くマクラで観客を魅了してから落語の本題に入るという名手であった。その師匠の持ち味を継承している。情緒や風情が感じられる心地よい落語。扇辰の芸の魅力のひとつはこのような点にある。

　その上で扇辰の分身とも思える、他人にこびない頑固さと茶目っ気をあわせもつ人物たちが彼の落語には登場する。人間くさく、愛すべき人々だ。

　古典芸能としての描写力と大衆芸能としての人物造形のバランスのよさが、心に染み入る扇辰の落語をつくり上げている。その芸は人生経験が昇華したものであり、老境に向かうこれからさらに精彩を放つことだろう。

（布目英一）

古今亭菊之丞
1991年に前座、1994年に二つ目昇進、2003年に真打昇進。落語協会。

古今亭菊之丞

ここんていきくのじょう

端正なたたずまいの古典落語の名手

役者のように色白で端正な顔立ちで、まろやかな笑みをたたえ、『たちきり』や『幇間腹《たいこばら》』『明烏《あけがらす》』など、古典落語に出てくる若旦那がぴったり。古風な雰囲気を漂わせつつも艶があり、寄席育ちの若手きっての実力派。高座に品があり、ぴたっと収まりのよさがある。女性を描くのも巧《うま》く『紙入《かみい》れ』や『お見立《みた》て』など、ねっとりした色気もいい。

近年は線の太さが加わり、芸幅も広がっている。落語協会のお祭り「謝楽祭《しゃらくさい》」の実行委員長を務めたり、落語協会の理事になるなど、役職を経て徐々に貫禄を増してきた。かといってまったく偉そうではなく、様子のいいたたずまいはスキッとして気持ちがいい。

耳がよいのだろう、『法事《ほうじ》の茶《ちゃ》』での声帯模写は絶品だ。落語が好きで、落語家が好きで、そばで目を皿のようにして観察していたことがここに活《い》きている。

コロナ禍にはYouTubeチャンネル「古今亭菊之丞でじたる独演会」を立ち上げ、落語通だけでなく、落語を聴いたことのない初心者もウエルカムで落語の間口を広げた。

師匠は、寄席好きで知らぬ者のいなかった古《こ》今亭圓菊《こんていえんぎく》。つまり菊之丞は古今亭志ん生《ここんていしんしょう》の孫弟子でもあり、古今亭を代表する若手として活躍している。古今亭ならではの、トントンと進む心地よさに身を浸していると心が豊かになってくる。

二〇一九年にNHK大河ドラマ『いだてん』では落語監修を務め、古今亭志ん生役のビートたけしや森山未來《もりやまみらい》らに落語指導も行った。

次世代の大看板に近い存在だ。

（佐藤友美）

三遊亭遊雀

さんゆうていゆうじゃく

狂気をはらんだ破壊力

遊雀にしかできない誇張された人物造形とテンションの高さは客席を抱腹絶倒の渦に落とすほどの破壊力をもつ。『熊《くま》の皮《かわ》』では赤飯をくれた先生に女房に教わった通りのお礼の文句を言おうとした甚兵衛《じんべえ》が緊張しすぎて泣き出してしまう。先生はそれを見てかわいいと大笑い。

その笑い声に動揺した甚兵衛は一層激しく泣く。甚兵衛が泣けば泣くほど先生の笑い方も過激さを増していき、客席に悲鳴に似た笑いが起こるまで続けられる。この場面のデフォルメは尋常ではない。こうした遊雀の芸に憧れる落語家も多いが、基礎的な表現力を習得した上での独自表現。おいそれと真似はできない。

（布目英一）

1988年に前座、1991年に二つ目昇進、2001年に真打昇進。2006年に三遊亭小遊三一門となり「三遊亭遊雀」。落語芸術協会。

現代的な感覚に優れた古典落語

現在の落語界において、絶大な存在感を獲得している立川流。謂《い》わずもがな、落語界のカリスマ立川談志《たてかわだんし》師匠が生み出し育んだ個性豊かな流派である。そのなかで確かな実力と抜群の安定感で魅了する立川生志師匠。伝統を受け継ぎつつもオリジナリティある工夫を噺《はなし》に取り入れ

立川生志《たてかわしょうし》

るなど、談志イズムを継承する感性あふれる表現力をもつ。

独演会に加え他流派との会も積極的に行い、また若手にも協力を惜しまない姿勢は、長年第一線で活躍する真打としてのリーダーシップと懐の深さを感じる。これから円熟期に向け、ますます磨きがかかる高座は必見である。

（橘蓮二）

1988年に前座、1997年に二つ目昇進、2008年に真打昇進し「立川生志」と改名。落語立川流。

春風亭百栄《しゅんぷうていももえ》

中毒性の高い「落語の妖精」

「こんにちわ〜」の挨拶ひとつで一瞬にしてその空間を自分の空気にしてしまう百栄師匠。たぶん、文字だと「こんにちは」ではなく「わ」ですね。かわいいのです。百栄師匠は落語の妖精です。訥々《とつとつ》と語りながら確実に場内を沸かせる「百栄節」のマクラから、精度抜群の爆笑創作らくご、あるいは新たな魅力に気付かせてくれる古典へ。どんな局面にも対応でき、どんな共演者とも喰《く》い合わない汎用性の高さと、いかがわしくあやしい芸人性をもっているのがこの師匠最大の強み。中毒者も多く、出てくるだけで「ラッキー♪」と思える。それでいてその凄《すご》さを悟らせないのが、この師匠のカッコいいところ。

（サンキュータツオ）

1995年に前座、1999年に二つ目昇進、2008年に真打昇進し「春風亭百栄」と改名。落語協会。

三遊亭歌武蔵《さんゆうていうたむさし》

大相撲出身の異色落語家

三遊亭歌武蔵は大相撲出身（武蔵川《むさしがわ》部屋で森《もり》武蔵《むさし》）という異色の落語家だ。鉄板ネタは相撲漫談、通称『支度部屋外伝《したくべやがいでん》』。これが面白いのは単に歌武蔵が角界出身だからではない。話術のセンスが抜群なのである。だから当然、歌武蔵の落語は面白い。前座噺《ぜんざばなし》の『子《こ》ほめ』も歌武蔵が演《や》ると必殺の爆笑編だ。上方ネタの『莨《たばこ》の火《ひ》』『植木屋娘《うえきやむすめ》』を手がけるなどレパートリーは豊富で、『五人廻《ごにんまわ》し』『宗論《しゅうろん》』『お菊《きく》の皿《さら》』『らくだ』『死神《しにがみ》』『猫《ねこ》の皿《さら》』『甲府《こうふ》い』等々、歌武蔵一流のセンスが光る持ちネタの数々は聴き手を引き込んで離さない。この逸材が角界から落語界に来てくれて、本当によかった。

（広瀬和生）

1984年に前座、1988年に二つ目昇進し「歌武蔵」と改名、1998年に真打昇進。落語協会。

爛熟期の落語界で磨かれる次世代の個性

サンキュータツオ

三十代から四十代、キャリアでいえば十年〜二十五年といったところの演者は多士済々《たしせいせい》、もっとも才能がひしめいているところだろう。昭和の名人たちからその直弟子たちの世代の演者の音源や資料がアーカイブ化された時代に育った演者たち。観客にはネットに演目を記録する者も現れ、いつどこで誰がどんな演目をかけたかも一目瞭然。演者は常に先人とも現代とも折り合いをつけなければならなくなった。毎日おなじ演目をかけていては生きていけない時代だ。

苦難の時代に入門し爛熟《らんじゅく》期を迎えた者から、高座の絶対数が増えた時代にこの世界に飛び込んだ者まで。そもそも演者の絶対数も増えた。そうなると自然、競争原理が働く。ほかでは聴けない解釈、演出、表現、個性が輝きを増す。演者たちは自らの武器をより研ぎ澄ませていく。

生き残り戦略から磨かれる落語家の武器

有史以来もっとも演者の数が増えた現在、古典の数はどんなにかき集めても三百といったところ。珍しい噺《はなし》をここに加えても演者の数は上回ることはない。生涯で「この噺はこの人」というランドマークをひとつでも示すことができれば御の字といった状況で、年々誰かしらによってその記録が更新されているのが現在の落語界だ。

たとえば二〇一〇年に真打昇進した蜃気楼龍玉《しんきろうりゅうぎょく》は、『牡丹燈籠《ぼたんどうろう》』『双蝶々《ふたつちょうちょう》』『真景累ヶ淵《しんけいかさねがふち》』『鰍澤《かじかざわ》』『やんま久次《きゅうじ》』といった、ピカレスクロマンの大ネタを選んで得意とすることによってその存在感を大きくしている。もちろんこういった演者の登場は師匠である五街道雲助《ごかいどうくもすけ》の功績あってのことだが、特定のジャンルに勝負をかけるという生存戦略にかけている演者が現れたことは時代の必然だろう。

おなじく龍玉と同期の柳家《やなぎや》小《こ》せんは、聴く者を疲れさせない「軽さ」に重きを置いて、どの位置で出ても仕事ができるという寄席《よせ》演芸の美学を体現しているが、やはり『夜鷹《よたか》の野《の》ざらし』や『三人無筆《さんにんむひつ》』『馬大家《うまおおや》』などの珍品ももつ。おなじく同期の入船亭扇里《いりふねていせんり》は三代目桂三木助《かつらみきすけ》*1系統の噺をよく高

蜃気楼龍玉→八四ページ

五街道雲助→四〇ページ

柳家小せん→八五ページ

*1——桂三木助（三代目）（一九〇二〜一九六一年）三遊亭圓朝作の『芝浜』に細やかな風景描写を加え、独自に練り上げ人気を博した。

座にかけているし、甚五郎《じんごろう》もの＊2でも珍しい噺をもっている。何度聴いても飽きないようにネタを仕入れておく周到さも次世代の落語家には必要だ。こうした演者たちの努力をみると、落語の未来は明るいように思えてくる。

二〇一〇年代に昇進したなかでも注目したいのは古今亭文菊《ここんていぶんぎく》だ。誰にでも聴きとれるスピード、誰にでも理解できる人物描写なのに、落語はこれまで見たこともない表情をみせる。笑いもしっかり取る。誰もができない落語を四十代で確立している演者は、三十年前にはあまりいなかった。

現代の観客の鑑賞に堪える古典の解釈も、演者には必要な能力かもしれない。たとえば立川《たてかわ》こしら、三遊亭萬橘《さんゆうていまんきつ》、鈴々舎馬《れいれいしゃま》ることいった面々は、持ちネタも豊富、聴かせる技量だけではなく時には改作に近い解釈を加えて、常に聴く者を刺激する。かといって、いわゆるオチケンさんのような研究気質《かたぎ》で落語を語るのではなく、ちゃんと芸人らしいいかがわしさも兼ね備え、鼻につくことはない。あくまで天下一品の趣向なのだ。

ユニット活動から生まれるムーブメント

また、個人活動が多い業界内で、コンセプト勝負の会やユニットで定期公演を行う者たちも増えてきた。この背景には、若手はよほどのことでないと寄席の定席に出演する機会に恵まれないという事情もある。演者の数が増え

＊2――甚五郎もの
『竹の水仙』『三井の大黒』など伝説的な彫刻職人の左甚五郎（ひだりじんごろう）が登場する落語。

古今亭文菊→七八ページ

立川こしら→九〇ページ
三遊亭萬橘→七六ページ
鈴々舎馬るこ→九六ページ

三遊亭天どん→九一ページ
三遊亭粋歌→一〇九ページ

撮影：小磯晴香

サンキュータツオがキュレーターを務める「渋谷らくご」。二つ目から実力派真打まで、その魅力を存分に感じられる会となっている。

ることはこういう結果にもつながる。

落語協会所属の演者たちによる新作落語ネタおろしの会「せめ達磨《だるま》」からは三遊亭天《てん》どんをはじめ、古今亭駒治《こまじ》、古今亭志《し》ん五《ご》、三遊亭粋歌《すいか》といった面々が力をつけた。また、落語芸術協会の同期の面々のユニット「成金《なりきん》」*3からは柳亭《りゅうてい》小痴楽《こちらく》、神《かん》田伯山《だはくざん》、瀧川鯉八《たきがわこいはち》、桂宮治《かつらみやじ》といったスターが誕生し、業界の勢力図すら変えることとなった。落語協会も同期の十人で運営した「TEN《テン》」*4が人気だった。落語立川流では、はやくも談志《だんし》の孫弟子たちが頭角を現している。

この世代がどういう晩年を迎えるのか。少なくともその時代までは落語を聴き続ける愉《たの》しみが用意されている。

*3——成金
二〇一三年～二〇一九年に活動したユニット。柳亭小痴楽、六代目神田伯山（当時松之丞）、昔昔亭A太郎、瀧川鯉八、桂伸衛門（春雨や雷太、桂伸三）、三遊亭小笑、春風亭昇々、笑福亭羽光、桂宮治、春風亭柳若、春風亭昇也が参加。

柳亭小痴楽→八二ページ
瀧川鯉八→九九ページ
桂宮治→一〇六ページ

*4——TEN
二〇〇三年入門の落語協会所属の二つ目ユニット。古今亭文菊（当時・菊六）、二代目柳家小八（ろべえ）、三遊亭ときん（時松）、鈴々舎馬るこ、五代目桂三木助（三木男）、柳亭こみち、二代目古今亭志ん五（志ん八）、古今亭駒治（駒次）、柳家小平太（さん若）、柳家勧之助（花ん謝）。メンバーの真打昇進で二〇一七年に解散。

三遊亭萬橋

2003年に前座、2006年に二つ目昇進、2013年に真打昇進し、四代目「萬橋」を襲名。五代目圓楽一門会（圓楽党）。

三遊亭萬橘

さんゆうていまんきつ

非凡な「落語脳」の持ち主

三遊亭兼好《さんゆうていけんこう》が「圓楽党《えんらくとう》のエース」なら三遊亭萬橘は「圓楽党のホープ」だ。萬橘がホール落語で活躍するようになったのは実に喜ばしい。

二つ目の三遊亭きつつきが四代目萬橘を襲名して真打昇進したとき、東京全体でみると「六十六人抜き」だったという（鈴々舎馬《れいれいしゃま》るこの計算）。当時すでに「圓楽党の逸材」としてきつつきの知名度は高かったが、その後の活躍ですぐに「萬橘」の名は浸透した。

萬橘のことを、僕は「非凡な落語脳の持ち主」とよぶ。萬橘はあらゆる古典落語に自分独自の演出を施して「萬橘の噺《はなし》」につくり替えている。それによって、よく知っている噺がまったく新鮮な輝きを放つのである。それは独自のギャグの場合もあるし、ときには筋書きを変えてしまうこともある。たとえば萬橘の『寿限無《じゅげむ》』では、長すぎる名前を付けられた当人が成長して「こんな名前おかしいでしょう！」と抗議する。『壺算《つぼざん》』では買い物をする側に騙《だま》す気はなくひたすら土下座して値引きを頼むだけなのに、店主が混乱してしまう。『たらちね』では大家が「お嬢さんの言葉が丁寧すぎる」という肝心な情報を与え損ねて八五郎《はちごろう》がパニックに……。

こうした新演出は決してウケ狙いではない。萬橘は古典落語をリスペクトしながら、その世界観のなかでの落語の可能性を追究しているのである。殊更に「現代のギャグ」を入れるのではなく、ただひたむきに「自分の落語の確立」を萬橘は目ざしている。自分の世界をしっかり築き、それを全力投球で観客にぶつけることができなければ、自分が落語家である意味がない。そんな覚悟が、萬橘の高座から伝わってくる。

（広瀬和生）

古今亭文菊
2003年に前座、2006年に二つ目昇進、2012年に真打昇進し、「古今亭文菊」と改名。落語協会。

隅田川馬石
1993年に前座、1997年に二つ目昇進、2007年に真打昇進し、四代目「隅田川馬石」を襲名。落語協会。

古今亭文菊《ここんていぶんぎく》

三拍子揃った落語界の貴公子

「NHK新人演芸大賞（現・新人落語大賞）」など、若手落語家の登竜門といえる数々の賞の受賞歴を手土産に、入門わずか十年で、異例の大抜擢のすえ真打に昇進した経歴をもつ、希代の逸材。眉目秀麗《びもくしゅうれい》という言葉がピタリとあてはまる、落語界の貴公子だ。

むしろ、落語家というより、歌舞伎役者を彷《ほう》彿《ふつ》とさせるルックスだが、さもありなん。あの市川團十郎《いちかわだんじゅうろう》一家とは、幼少のころから家族ぐるみの付き合いだという。

その高座は姿どおりの流麗さで、観る者を江戸の街角に誘う。

指圧を生業《なりわい》にしている全盲の主人公が、突然に目が開いて自身の美貌を知ったとき、気立てはよいが器量《きりょう》の悪い女房が急に疎《うと》ましく思えて……。なかなか寄席などで聴くことのできない、人の心がもつ表裏一体を描写した『心眼《しんがん》』。これは、姿、形、そして話芸が三拍子揃《そろ》った、文菊ならではの世界観が光る逸品で、他の演者で聴いたらまったく別物という印象をもちかねない十八番だ。

また、この人がやらなくて誰がやると思えるほど、本人の仁《にん》に合っている『船徳《ふなとく》』など、商家の若旦那が登場する噺《はなし》もおすすめだ。その艶《つや》やかな仕草と口調が際立つ、女性の登場する噺にも定評がある。

真打昇進後も、「文化庁芸術祭優秀賞」や国立演芸場「花形演芸大賞」など、次々とトロフィーを積み上げる文菊は、まだまだ若手と評される四十路《よそじ》に差しかかったばかり。この類《たぐ》い希《まれ》な才能が、どう年輪を重ねていくか、楽しみでならない。

（青木伸広）

全天候型の達人系

隅田川馬石《すみだがわばせき》

古典一筋。個性派揃いの五街道雲助《ごかいどうくもすけ》一門にあって、馬石師匠が名人というより「達人」だと思わされるのは、環境を問わず、また客層も問わず、いかなる会場でも結果を残す力強さがあると思うからです。

演者として一番脂の乗る五十代に差しかかったこの師匠は、寄席でも、ホールでも、十五分でも三十分でも六十分でも、相変わらず全天候型に強い。楽しくなければ落語じゃない！

ロジカルに緻密に練り上げられたセリフを、わかりやすく記号的に演出された人物が発し、ここぞというときに感情を爆発させる表現力がピカイチ。通常、セリフに合わせた左右の顔の向きで登場人物を演じ分けますが（上下《かみしも》をきるといいます）、セリフなく表情だけで処理する演出も実は馬石の発見です。この師匠の落語に出てくる人物はみんな生きているのです。

昔からいろんな人が手がけた古典も、ハッとする発見があります。『四段目《よだんめ》』は、芝居好きの使用人が蔵に閉じ込められる噺《はなし》だが、芝居の知識がない人でも楽しめるように「あまりに何かを好きな人」を楽しむアングルで終始笑いの絶えない一席に。現代人でも理解できる導線を、押し付けるのではなく自然に用意する。

とぼけた雰囲気の与太郎から、気配りのできる品のよい女性、威勢のいい兄貴分や職人たち、骨抜きにされた若旦那、どのような人物も馬石風に仕上げて聴くものを飽きさせない。『湯屋《ゆや》番《ばん》』『船徳《ふなとく》』『四段目《よだんめ》』『品川心中《しながわしんじゅう》』など必聴の噺も多いが、懐刀として『お富与三郎《とみよさぶろう》』『名人《めいじん》長二《ちょうじ》』といった長講《ちょうこう》物をもっているのも魅力だ。

（サンキュータツオ）

柳亭小痴楽

りゅうていこちらく

戦略的かわいさで聴かせる本格派

客席を巻き込んでいくライブ感。予定調和ではなく、その場のお客さんとの対話を楽しむ活《い》きた芸。お客さんに毒づいたり、思ってしまったことを口に出してしまったり。しかしこの師匠が人を傷つけないのは、まるで落語の世界から飛び出してきたようなやんちゃさ、愛嬌《あいきょう》があるからです。こういうと、生まれもった天性のものと思われがちですが、実は自分の個性を冷静に受け止めて伸ばせるところを伸ばした結果ではないかと思います。芸人はみな浅はかさと冷静さをもっていますが、小痴楽師匠はその点、特に芸人らしいです。かわいい。

「軽さ」というのは芸の世界では美徳のひとつですけれど、小痴楽師匠の場合はどの噺《はなし》も聴かせるうえに、聴く人を疲れさせないという点で、もっとも自分の「軽さ」を武器にしている落語家さんだと思います。これは非常に難しいんです。軽さを追求するとどの噺もおなじような印象になりがちなところ、しっかり聴かせる。ただ「歯ごたえ」だけを追求しているのではなく、味もしっかりしているのです。たとえば廓噺《くるわばなし》をいくつも手がけていますが、『干物箱《ひものばこ》』でどうしても吉原《よしわら》に行きたい若旦那を楽しく演じたかと思えば、『明烏《あけがらす》』ではウブな若旦那よりは若旦那を騙《だま》す源兵衛《げんべえ》と太助《たすけ》を活《い》き活《い》きと演じる。

つまり、自分が活き活きできる部分を噺に見出して印象を変えるのです。観ているだけで楽しくなってくる！　誠に希有《けう》な存在です。

だから、寄席の序盤、中盤、終盤、どの場所で出てきても仕事ができる。盛り上げることもできれば、満足させてクロージングすることもできる。来るべき次代の黄金期の中心人物です。

（サンキュータツオ）

柳亭小痴楽
2005年に前座、2009年に二つ目昇進し、三代目「柳亭小痴楽」を襲名、2019年に真打昇進。落語芸術協会。

蜃気楼龍玉

1997年に前座、2000年に二つ目昇進、2010年に真打昇進し、三代目「蜃気楼龍玉」を襲名。落語協会。

柳家小せん

1997年に前座、2000年に二つ目昇進、2010年に真打昇進し、五代目「柳家小せん」を襲名。落語協会。

蜃気楼龍玉《しんきろうりゅうぎょく》

古典の王道を歩き続ける骨太落語

五街道雲助《ごかいどうくもすけ》の三番弟子にして、最後の弟子と称される、古典の本格派。江戸の言葉で例えるなら、〃六尺豊かな偉丈夫〃という表現が的確だと思えるほど、堂々とした体躯《たいく》の持ち主。しかし、その醸《かも》し出す雰囲気は極めて繊細、かつ温厚だ。

二つ目時代から若手の賞レースには頻繁に顔を出していた期待株で、真打に昇進してからも、「文化庁芸術祭新人賞」、国立演芸場「花形演芸大賞」など、大きな戴冠を続けている。しかし、聴き手はまだまだ伸びしろを感じると口を揃《そろ》える、まさに未完の大器だ。

落語界屈指の名人・三遊亭圓朝《さんゆうていえんちょう》の作品に取り組み、怪談噺《かいだんばなし》の名作長編『牡丹燈籠《ぼたんどうろう》』はもちろん、今ではほとんど演じ手のいない『緑林門松竹《みどりのはやしかどのまつたけ》』『やんま久次《きゅうじ》』などの珍品にも果敢に挑戦して、成果を上げている。

そのなかには口演を記した速記はあるが、音源がない演目も多く、いかに二次元の文章を立体化させるかを、常に試行錯誤しているとのこと。

「あまり演じ込みすぎると、すべての言葉がセリフのように芝居がかってしまう。そこをいかに自然に聴いていただくかが、難しいところです」とは本人の談。

また、時折登場する過激な殺人場面を、息を飲まんばかりの大迫力で演じることから、〃殺しの龍玉〃と異名をとるが、いっぽう寄席の番組では、『ざるや』、『ぞろぞろ』、『親子酒《おやこざけ》』といった、笑いの多い定番の小品を、サラリと演じることも多い。そのギャップも人気を保っているゆえんだろう。

（青木伸広）

柳家小せん《やなぎやこせん》

小品から大作まで手がける〝噺〟のびっくり箱

とらえどころのない、ふわふわとした雰囲気で人気の〝脱力系〟。「落語なんて、そうそう力を入れて真剣に聴くもんじゃありません。ゆるりとした心持ちで楽しんでください」が決まり文句だ。

落語はいうまでもなく、好き嫌いが先に立つ芸能と言わざるを得ない。しかし、この人を苦手という観客をついぞみたことがないほど、万人に愛されている。

といっても、無難な演目ばかりこなしている、いわゆる〝石を置きにいく〟ような高座とは一味も二味も違う。

古典の大ネタ『ねずみ』や『御神酒徳利《おみきどっくり》』といった王道の古典落語を真正面からこなすのはもちろんのこと。先代三遊亭圓歌《さんゆうていえんか》から受け継いだ『浪曲社長《ろうきょくしゃちょう》』、川柳川柳《かわやなぎせんりゅう》のレパートリーに独自のナンバーを加えた歌謡メドレー『ガーコン』など、同業の噺家《はなしか》がため息をつくほど、そのネタは多岐にわたる。

客席を掴《つか》み込みにいく早めの出番、それまでの流れを崩さずに、きちんとうしろへバトンをわたす中盤の要《かなめ》、そして客席を満足感に浸らせるトリ。どのポジションでも見事にこなす、寄席になくてはならないマルチプレーヤーとして、この人の果たす役割は大きい。

また、音楽好きが高じて、先輩の橘家文蔵《たちばなやぶんぞう》、入船亭扇辰《いりふねていせんたつ》とともに、〝三K辰文舎《さんケーしんぶんしゃ》〟なるバンドユニットを結成。落語とのジョイントコンサートをたびたび開催し、話題をよんでいる。ギター演奏の腕前は玄人はだしで、なんと日本武道館でその妙技を披露《ひろう》した経験もある。まさに多才なり。

（青木伸広）

林家きく麿
1996年に前座、2000年に二つ目昇進し、「きく麿」と改名、2010年に真打昇進。落語協会。

林家きく麿

はやしやきくまろ

変な日常を描く変な落語

変な人たちの変な日常を描く爆笑新作落語の林家きく麿。トボケた口調の高い声と全身から醸《かも》し出される脱力感が一体となった高座の魅力は他に類を見ない。数年前にブレイクの兆しをみせ始め、寄席でトリを取っても客を集めることができるようになった。今では東京の新作派を代表するひとりといってもいいだろう。

日常を生きる人々の強烈な個性で非日常が生まれるのがきく麿の落語で、クセが強いのに尖《とが》ってなくて純粋にバカバカしく、素直に笑える。たとえば『殴《なぐ》ったあと』。温泉宿に泊まった上司と部下が、わけありにみえる仲居の「触れられたくない過去」を詮索すると、仲居が自らの「ダメ男たちと過ごした波乱万丈の半生」を浪《ろう》曲《きょく》調で語る噺《はなし》だが、要所で出てくる「♪殴らぁ〜れ〜たぁ〜」という節回しがなんともバカバカしく、聴くたび条件反射的に笑ってしまう。そもそもこの仲居がなぜ浪曲調で語るのか、まったく意味不明なのが素敵だ。

きく麿の特異性を端的に示すのが、二人合わせて百五十歳の老ママ&老チーママが常連客の陰口で盛り上がる『スナック・ヒヤシンス』。この噺の可笑《おか》しさは、シチュエーションもさることながら、この二人の台詞《せりふ》回しのバカバカしさそのものから生まれる。これを、きく麿の「フラ」*というべきか。他の演者がおなじことをやっても絶対にダメなのだ。そもそも、こんな「日常」を落語にしようとする発想が凄《すご》い。「奇天烈《きてれつ》な発想」と「バカバカしい台詞回し」と「演者のフラ」が一体化した、きく麿が描く「変な日常」の世界。一度ハマったら、もうこの「変な落語」から逃れられない。

*その人独自の説明しがたい笑いの雰囲気。

（広瀬和生）

立川こしら
1996年に前座、2002年に二つ目昇進し、「こしら」に改名、2012年に真打昇進。落語立川流。

三遊亭天どん
1997年に前座、2001年に二つ目昇進、2013年に真打昇進。落語協会。

立川こしら《たてかわこしら》

落語界の異端児

掟《おきて》破りの爆笑王、立川こしら。彼は落語界の異端児だ。見た目や言動、活動範囲の広さなどが「落語家らしくない」だけではない。彼は落語を「面白い話をするためのツール」としかみていない。落語をよく知らないまま入門したこしらは、「よく知らない」というスタンスをあえて貫くことで独特なステイタスを得た。

　こしらは落語常識に無頓着だ。同じように無頓着な演者に三遊亭白鳥《さんゆうていはくちょう》がいるが、新作派の白鳥と異なり、こしらは基本的に古典落語の人。ただし、こしらは古典を自己流にいじりまくる。そこにタブーは一切存在しない。なので結果的には白鳥の新作のように破天荒《はてんこう》な噺《はなし》になったりすることもある。それはもはや「改作」とよべるレベルではない。こしらが春風亭一之輔《しゅんぷうていいちのすけ》との二人会で「笠《かさ》」も「碁《ご》」も出てこない『笠碁《かさご》』を演《や》ったとき、一之輔は「それって『おともだち』って新作でいいんじゃないの？」と言っていた。まったくもって、そのとおり。でもその噺はこしらのなかでは『笠碁』なのである。

　かつて僕はこしらのことを「ヘタだけど面白い」と評した。だが正確には、こしらは「ヘタ」ではない。もちろん江戸落語の伝統的な技芸という意味では巧《うま》くないが、こしらは話術の達人だ。月例独演会で一時間以上マクラ（というか漫談）だけで爆笑させ続けるこしらは「フリートークの天才」以外の何者でもない。そして、マクラで発揮される自在のトーク術は、落語本編の〝間〟やリズム、そして何より脚本と演出において存分に発揮されている。白鳥が「白鳥作品の演者」として巧いように、こしらも「こしら落語の表現者」として巧いのである。

（広瀬和生）

三遊亭天どん《さんゆうていてんどん》

ボヤキが絶品の脱力系新作派！

一度聴いたらやみつきになるのが天どんの高座だ。ぶっきらぼうに始まるマクラは、多くの場合は愚痴《ぐち》めいたボヤキなのだが、なぜかこのボヤキが心地よい。「なんだよー」と独り合点で自虐的なのに観客が共感してしまうのは、天どんの言葉に嘘《うそ》がないからだろう。自分の気持ちを開放することで、知らない間に聴き手を味方につける奥義を会得している。そして、その術《すべ》を駆使した新作落語は実に味わい深い。ペーソスありSFテイストあり、じわじわ来る面白さがたまらない。

二〇一五年から春風亭一之輔《しゅんぷうていいちのすけ》とともに取り組んできた「新作江戸噺《しんさくえどばなし》十二ヶ月」*の会では、江戸時代を舞台に、四季折々の風物などを織り込んだ新作噺が手がけられた。ここで生まれた噺のなかでも、『鮎《あゆ》かつぎ』は、多摩川でとれた若鮎を運ぶ人足が、鮎をねらってやってくるキツネと山中での攻防を繰り広げながら、約四十キロメートル離れた江戸へひた走る噺だ。途中口ずさむ獣払《けものばら》いの「鮎かつぎ歌」に江戸の風情を感じられる。

また、古典落語においても独自の作風を確立している。特筆すべきは、落語中興の祖三遊亭《さんゆうてい》圓朝《えんちょう》作『怪談牡丹燈籠《かいだんぼたんどうろう》』を、登場人物の悪漢伴《とも》蔵《ぞう》を軸に改作した手腕。真打昇進を目前としたタイミングでつくり上げたというこの改作は、今まで誰も着想しなかった難易度の高いアレンジで、ピカレスクロマン的な魅力をふんだんに発揮、大好評を博した。

そんな世間の称賛をサラリと受け流し、今日も天どんはどこかの高座でボヤいている。

*「らくご＠座」の名称で落語会を企画・制作・主催する松田健次が企画した会。

（馬場憲一）

柳亭こみち
2003年前座、2006年に二つ目昇進、2017年に真打昇進。落語協会。

柳亭こみち

りゅうていこみち

女性版への古典改作に開眼

このところ、柳亭こみちが進境著しい。女性落語家として進むべき道をみつけたようだ。

男性の演者が長い歴史を築いてきた落語という芸能において、女性がどうやって道を切り開くか。これは永遠の課題だろう。古典を真っ当に演《や》ってじゅうぶんに巧《うま》い柳亭こみちの場合、かつては「女性であることを感じさせない」正統派の古典をいかに演じるかを主軸として、そこに音曲噺《おんぎょくばなし》や珍品といった「飛び道具」、そして三遊亭白鳥《さんゆうていはくちょう》が提言した「女性が演じるための新作」といったものを絡めていく、という風に針路を定めたようにみえた。

だが、最近のこみちは「古典をいかに自分に引き寄せるか」というテーマに積極的に取り組んでいる。それは「古典の登場人物を女性に置き換える」という演出、すなわち「女性版への改作」である。たとえば『井戸《いど》の茶碗《ちゃわん》』では千代田卜斎《ちよだぼくさい》ではなくその未亡人が屑屋《くずや》とやり取りをするという演出に変えていたりするし、若旦那の船に嫁と姑が乗る『船徳《ふなとく》と嫁姑《よめしゅうとめ》』、天狗《てんぐ》の後さらに天女も出てくる『天女裁《てんにょさば》き』、女性客がやって来る『うどん屋《や》と芸者《げいしゃ》』、大食漢の女性がそばを食べる『そばの清子《せいこ》』、「死神はみんな婆《ばあ》さん」という設定の『死神《しにがみ》』もある。

こうした演出は決して邪道ではない。落語の歴史上、名を残した演者はみな、「自分の落語」をこしらえて人気を得た。従来どおりの演出を踏襲するだけでは意味がない。当然、女性には女性のやり方があってしかるべきなのだ。

どうやら、こみちは吹っ切れたようだ。いわば「芸の開眼《かいげん》」である。実に頼もしい。ここからの快進撃が楽しみだ。

（広瀬和生）

鈴々舎馬るこ《れいれいしゃまるこ》

パワフルな爆笑改作派

真打昇進以来、鈴々舎馬るこは「パワフルな爆笑派」として活躍し続けている。馬るこの身上は「なんでもアリ」の自由な芸風。「とにかく笑わせる」という貪欲さは半端じゃない。

そんな馬るこが得意とするのは「改作落語」だ。ダイエットをしているお父さんが小学生の娘に見張られながら「団子くらい買ってもいいじゃないですか！」と周囲に訴える『糖質制限《とうしつせいげん》初天神《はつてんじん》』、八幡様《はちまん》が大活躍する『元犬《もといぬ》』の改作『八幡様《はちまんさま》とシロ』、魚屋で代用魚ばかり売ってる食品偽造版『権助魚《ごんすけざかな》』、あまりに粗忽《そこつ》すぎて同じ過ちを何度も繰り返し「タイムループしてる！」と恐怖する男が主役の『堀《ほり》の内《うち》』、金持ちの家の婿養子がワガママな女房と四万六千日《しまんろくせんにち》に行く『船徳《ふなとく》』、笑える怪談『お札《ふだ》はがし』等々、意表を衝《つ》く名作を次々に高座にかけている。新作落語においても、亡くなったお爺《じい》さんを忘れられないお婆《ばあ》さんが奇行に走る『幽《ゆう》チュウバー山本《やまもと》カヨ』というヒット作が生まれた。

馬るこの改作や新作は「お笑い」として誰もが楽しめる。「ウケればいい」という振り切り方は爽快ですらある。だがそれだけではない。馬るこは最近どんどん落語が「巧《うま》く」なっている。特に「演者としての〝圧〟の強さ」を自ら積極的に利用するようになったのが功を奏している。棟梁《とうりょう》が大家の悪行を暴露して大家が屈辱にまみれながら道具箱を返す『半沢直樹《はんざわなおき》』的な新演出の『大工調《だいくしら》べ』、仲間にドヤ顔で説教する八五郎《はちごろう》のムカつく顔つきだけで笑える『看板《かんばん》のピン』といった噺《はなし》の面白さは、ひとえに馬るこの〝圧〟の強さによるもの。このまま「暑苦しい馬るこの世界」を突き進んでいただきたい。

（広瀬和生）

鈴々舎馬るこ

2003年に前座、2006年に二つ目昇進、2017年に真打昇進。落語協会。

柳家わさび
2004年に前座、2008年に二つ目昇進し、「わさび」と改名、2019年に真打昇進。落語協会。
撮影：小磯晴香

瀧川鯉八
2006年に前座、2010年に二つ目昇進、2020年に真打昇進。落語芸術協会。

柳家わさび

やなぎやわさび

圧倒的想像力を誇る〝三題噺〟のファンタジスタ

幕末から明治にかけて活躍した落語界の大偉人・三遊亭圓朝《さんゆうていえんちょう》が『芝浜《しばはま》』を残したといわれる三題噺《さんだいばなし》。客席からキーワードを三つ集め、その単語を盛り込んで一席の噺《はなし》をつくる、実に困難な作業だが、これを二つ目に昇進した直後から、現在に至るまで毎月続けている。まさに業界屈指のクリエイターだ。

たいていの場合、三題噺は数分～数時間で、お題を盛り込んだ噺を披露《ひろう》するのが常套《じょうとう》だが、わさびは自身に一か月という仕込みの期間を与えた。これは、即興的な評価を否定し、物語性を重視した、極めてハードルの高い〝縛り〟である。その結果として生まれた新作落語は、実に百三十本以上を数え、比較的落語の初心者といえる観客が多い「渋谷らくご」＊でも高評価を得ている。

その作風は極めて多彩だが、特に印象に残るのは、社会的な〝弱者〟にスポットライトを当てた噺だ。オタク、非モテ、口下手…。人付き合いが上手にできない人々に、わさびは常に温かい目線でエールを贈っている。

特技は日大芸術学部でも専攻していた油絵。それを活《い》かした「落語紙芝居」は、自身の描いた一枚一枚に、紙芝居屋さんよろしくセリフをつけてゆく、絶品の余芸だ。人気バラエティー番組『笑点』の若手大喜利《おおぎり》で優勝し、地上波で放送もされている。

スラリとした草食系の美男子で、多くの女性ファンを集めているが、真打に昇進しても相変わらずのマイペースで、浮いた噂《うわさ》のひとつもたたない。これを落語界の七不思議のひとつと笑うファンも多い。

（青木伸広）

＊一三一ページ参照

触れてみないとわからない、次世代型

iPhoneを初めて手に取ったとき、説明書もない状態でいじっていると、次第にその操作方法がわかってくる楽しさがありました。iPhoneはあえてそういう手法を選んだのです。

鯉八師匠の落語にも同様のワクワクと楽しさが詰まっています。あれ、本題はどこから始まったのだろう。いま喋《しゃべ》っている人物は男なのだろうか、女なのだろうか。この二人の関係はなんだ、この村はどれくらいの規模なのか。時代はいつ？ そんなことは、聴いていればわかるようになっています。そして、わからなくていいものには触れられていません。落語は彼によって間違いなく更新されました。次世代型落語です。

多くの創作が、ボケ・ツッコミの技術で料理されたり、コント的な手法で笑いを取ったり、ライブ的な一体感で笑いを生むなか、この人の生み出す落語はしっかりと「落語」です。つまり、落語でしか表現しようがない。彼は言います。「僕の落語は、自分のことを〈中の下〉だと思っている人のためにつくっている」と。強いて言えば、落語という形式を借りた、現代の寓話《ぐうわ》。これを聴かないと人生を損します。

鯉八落語は一言一句決まった、アプローチとしてはむしろ八代目桂文楽《かつらぶんらく》に近い緻密な演出で構成されています。しかし、そんな彼を落語界の価値観ではかってはいけませんね。コント、演劇、小説、マンガ、映画、ジャンルを問わず好きなものがある人にぜひ聴いていただきたい演者さんです。

瀧川鯉八が落語を選んでくれたことに、最大の感謝を。

（サンキュータツオ）

瀧川鯉八《たきがわこいはち》

昔昔亭A太郎

せきせきていえーたろう

新作も古典も　骨太な表現者

一流の抽象画家が圧倒的デッサン力を備えているように、人気新作落語家も大御所から若手まで、その手中には発想力と同等の古典落語の高い表現力がある。

昔昔亭A太郎師匠の魅力も新作における多彩な抽斗《ひきだし》から表出させたアンリアルな物語で観客を翻弄したかと思えば、古典落語の芯を捉えて離さない本格派の顔もみせる両義性にある。飄々《ひょうひょう》とした振る舞いとは裏腹、試行錯誤を繰り返しながら真摯に落語と向き合う姿勢に、その多面的で骨太な高座は支えられている。表現することを過信も軽視もしない。A太郎師匠は知っている、閃《ひらめ》きは常に反復のなかにあることを。

（橘蓮二）

2006年に前座、2010年に二つ目昇進、2020年に真打昇進。落語芸術協会。

桂伸衛門

かつらしんえもん

新作への野望も語る若手実力派

鋭角で明瞭な語り口と揺らぐことのない美しい所作、古典落語を研ぎ澄ますその実力は、若手落語家のなかでも出色である。

真打に昇進し新たなステージに向けての展望を聞いたところ、今後は古典と並行して時代設定にこだわらない自作の作品をつくっていきたいと語った。しかも自身が高座にかけるだけでなく他の演者にも演じてもらって、いずれはみなで共有できたらと話す。その心境の変化はコロナ禍がきっかけだったという。非常事態においても他者を思いやる気持ちは落語同様、強靭《きょうじん》で心が通っている。実力とリーダーシップを兼ね備えた気鋭の新真打。

（橘蓮二）

2006年に前座、2010年に二つ目昇進、2020年に真打昇進し、「桂伸衛門」に改名。落語芸術協会。

立川志の春

たてかわしのはる

師匠ゆずりの戦略性をみせる

「弟子のなかで、いちばん吸収力があったのが志の春でした」

師匠立《たて》川《かわ》志《し》の輔《すけ》が自らお客様の前で認めるほど入門以来、真っ直ぐに落語と向き合ってきた。米国イェール大学卒、某有名商社勤務というエリートコースをかなぐり捨て入門、二つ目時代よりめきめき頭角を現し、二〇二〇年四月真打昇進。古典も新作も独自のカラーをもった印象深い高座を展開させる。特に新作においては、テーマをことさら強調せず噺《はなし》の世界観を損なうことなくそっと織り込むセンスは見事である。安定した高座姿、落ち着いた声音、そして落語の訴求力。どこをとっても一級品。

（橘蓮二）

2002年に前座、2011年に二つ目昇進、2020年に真打昇進。落語立川流。

三遊亭楽大《さんゆうていらくだい》

おおらかで心地よい高座

太陽の温もりをたっぷり浴びたフワフワの布団に身を預けたような安らぎと心地よさがある。おおらかでありながら繊細さを感じる高座はお客様に喜んでもらうこと、日常をひととき忘れて楽しんでもらうことを何より大切にしていることが伝わってくる。入門当初に師匠六代目三遊亭円楽《えんらく》から授かった「はっきりと大きな声で元気よく喋《しゃべ》ること」の言葉を今でも愚直に守り、ひとりでも多くの人に落語を通して笑顔になってもらおうと日々奮闘を続けている。

兼好《けんこう》・萬橘《まんきつ》両エースに次ぐ〝圓楽党第三の男〟三遊亭楽大師匠の大きな身体には高座と同じ優しさが満ちている。

（橘蓮二）

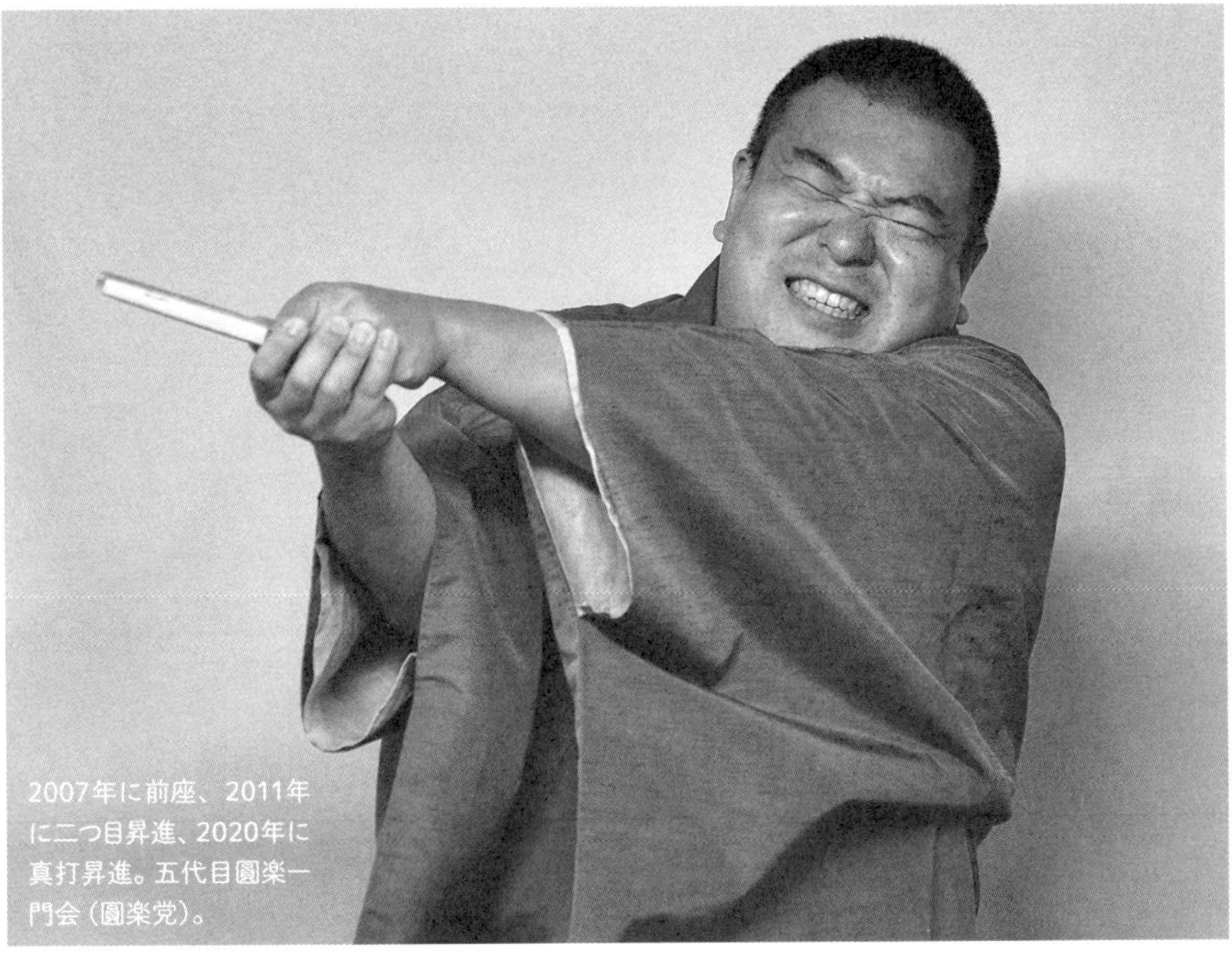

2007年に前座、2011年に二つ目昇進、2020年に真打昇進。五代目圓楽一門会（圓楽党）。

桂宮治
2008年に前座、2012年に二つ目昇進、2021年に真打昇進予定。落語芸術協会。

桂宮治

かつらみやじ

期待の大型新真打

二〇二一年二月中席《なかせき》より、落語ファン待望の単独での真打昇進も待ち遠しい桂宮治さん。二〇一二年、二つ目に昇進したばかりの同年に参加したNHK新人演芸大賞（現・新人落語大賞）において、前座噺《ぜんざばなし》といわれる『元犬《もといぬ》』でいきなり大賞受賞という快挙を成し遂げ、誰もが認める人気と実力を兼ね備えた落語界屈指の逸材である。

常に全身全霊で、真打とあいまみえる落語会においても、少しも臆することなく、まるで足を止めノーガードで打ち合うようなパワフルな表現力が持ち味の高座は、人気師匠にもまったくひけを取らない。その客席を呑《の》み込むような圧倒的な存在感で爆笑の渦に落とす高座と、徹底したサービス精神を前にすると、一見アグレッシブさがより際立つが、高座を下りた姿からは他者に対する優しさや誠実さを強く感じる。

客席に足を運んでくださるお客様は常連さんだけとは限らない。落語人気を背景に初めて落語に触れるお客様も多く訪れる。演者が未熟だったとしても、想《おも》い描いていたものと齟齬《そご》があれば、落語全体に対しての評価になってしまいがちだ。どんなものも第一印象が重要なように、初見のお客様の期待に応えることへのプレッシャーはもちろん、長年のファンであっても二度と同じ高座がないことを思えば、すべてのお客様との出会いは一期一会といえる。その想いを胸に刻み、真摯《しんし》に落語に向き合い立ち続ける姿に、落語ファンは将来の大看板《おおかんばん》になることを予見する。

「令和の爆笑王」桂宮治は、日々お客様の笑顔を一心に求めながら心を砕き身を尽くす。

（橘蓮二）

こぼれる笑顔と明朗快活な語り口

　二〇二一年春の真打昇進と、九代目春風亭柳《しゅんぷうていりゅう》枝《し》という大名跡《だいみょうせき》を受け継ぐことが決まった、まさに今が旬の若手期待株。愛くるしい表情と品のよさからついた渾名《あだな》は〝カピバラ王子〟なる、落語家らしからぬものだ。
　とにかく落語を演じるのを楽しむ様が、その熱量とともに客席に伝わり、自然に笑いの渦に巻き込んでいく。まずは理屈抜きに笑いたい、楽しみたいという向きには、もってこいの演者だ。師匠である正朝《しょうちょう》ゆずりの滑稽噺《こっけいばなし》や、長編の大作にも果敢にチャレンジし、『佃祭《つくだまつ》り』などでめざましい成果を上げている。まだまだ伸びしろはたっぷり。今後に大いに期待したい。

（青木伸広）

春風亭正太郎

しゅんぷうていしょうたろう

2006年に前座、2009年に二つ目昇進、2021年に真打昇進し、九代目「春風亭柳枝」を襲名予定。落語協会。

女性目線での新作落語

「女性目線での新作落語」で人気の三遊亭粋歌。粋歌の新作は、単に女性の登場人物を前面に出して活躍させるだけではなく、「女性の視点で物事を捉える」からこそ面白い。つまり「男性にはない発想」の新作なのだ。『影《かげ》の人事課《じんじか》』『銀座《ぎんざ》なまはげ娘《むすめ》』などOL落語で人気に火がついた粋歌だが、会社での人間関係をあつかった落語のほかにも、家族関係（夫婦、親子、老老介護、引きこもりなどなど）をテーマに世相を反映した作品を生み出し続けている。真打昇進とともに名乗る「弁財亭和泉《べんざいていいずみ》」は粋歌自身が考案した、新たな名跡《みょうせき》。「弁財亭の祖」として歴史に名を残すめざましい活躍を信じている。

（広瀬和生）

三遊亭粋歌

さんゆうていすいか

2006年に前座、2009年に二つ目昇進、2021年に真打昇進し、「弁財亭和泉」に改名予定。落語協会。

理論と努力の積み上げ型

キャリア十年目にしてすでに落語界でもっとも注目すべき存在。現代人が感じる問題意識を、古典を模した演目のなかに織り込む「擬古典《ぎこてん》」が最大の武器。創《つく》った話は、高座にかけるごとに改良を重ねる。才能ばかりが評価されがちですが、努力の人です。

立川吉笑《たてかわきっしょう》

若手創作ユニット「ソーゾーシー」の運営、クラウドファンディングの導入、自主制作ツアーに毎月独演会など、興行師としての手腕もふるう。しばらく創作一本槍《やり》でしたが、最近は古典の蔵出しとネタおろしにも挑戦。目先のことだけでなく将来を考えて動く、業界のトリックスターです。

（サンキュータツオ）

2010年に前座、2012年に二つ目昇進。落語立川流。

春風亭昇々

しゅんぷうていしょうしょう

ストイックさが生む爆発力

一席聴き終わったあと、イケメン属性が吹き飛ぶ芸人。まるで猫がひとりで紐《ひも》で本気で遊んでいるよう。お客さんを楽しませるには、まずは自分が楽しくなること。昇々さんは本気でふざけて、落語と戯《たわむ》れる高座をみせてくれます。創作も、古典も、登場人物は全員「昇々」。

この人の魅力は、生《なま》の高座に触れる以外に伝えようがないです。

エキセントリック、というより、クレイジーかつストイック。身体《からだ》づくりも高座も、孤独も人間不信も、いつも限界ギリギリ！　そしてすべてを高座で爆発させます。見ていて爽快！　かわいい！

（サンキュータツオ）

2007年に前座、2011年二つ目昇進、2021年5月に真打昇進予定。落語芸術協会。

春風亭ぴっかり☆

持ち前の華やかさで「女性であること」を積極的に活《い》かしている。明るく楽しい「ぴっかり☆落語」の魅力は唯一無二だ。（広瀬和生）

しゅんぷうていぴっかり　2007年に前座、2011年に二つ目昇進し、「ぴっかり☆」と改名。落語協会。

立川こはる

キレのある口調で威勢のいい江戸落語を聞かせる「女性なのに男前な」演者。正攻法で古典に取り組む姿勢が実に清々《すがすが》しい。（広瀬和生）

たてかわこはる　2006年に前座、2012年に二つ目昇進。落語立川流。

入船亭小辰

噺《はなし》の大小・種類を問わず、生き生きとした登場人物の造形と、物語を自在に操るテクニックは、すでに真打クラスといえる実力派。（青木伸広）

いりふねていこたつ　2008年に前座、2012年に二つ目昇進、「小辰」と改名。落語協会。

春風亭一蔵

たたみかけるような、大胆かつ豪快な爆笑落語は、サービス精神旺盛なこの人の性格そのもの。それでいて古典落語の芯ははずさない。（青木伸広）

しゅんぷうていいちぞう　2008年に前座、2012年に二つ目昇進し、「一蔵」と改名。落語協会。

立川笑二

独自のアレンジを施した古典を正攻法の話芸で表現する演者。飄《ひょう》飄《ひょう》とした語り口と温和な見た目の裏側に潜む「毒」が心地よい。

（広瀬和生）

林家つる子

堂々とした高座運びと客の懐に飛び込む芸風でメキメキと頭角を現した注目の女性落語家。愛嬌《あいきょう》満点、新作の持ちネタも面白い。

（広瀬和生）

たてかわしょうじ　2011年に前座、2014年に二つ目昇進。落語立川流。

はやしやつるこ　2011年に前座、2015年に二つ目昇進。落語協会。

撮影：小磯晴香

柳亭市童

飄々《ひょうひょう》とした風貌、耳に心地いい声、確かな話術に、若手とは思えぬ落ち着きぶりのザ・柳家という雰囲気をもつ未来の名人候補。（青木伸広）

三遊亭わん丈

セミプロ級バンドのボーカルから落語家へ転身した変わり種だ。古典・新作・改作なんでもござれの多彩さと、ポジティブさが魅力だ。（青木伸広）

りゅうていいちどう　2010年に前座、2015年に二つ目昇進、「柳亭市童」と改名。落語協会。

さんゆうていわんじょう　2012年に前座、2016年に二つ目昇進。落語協会。

撮影：小磯晴香

袖から見つめる高座の風景

橘蓮二

二つの〝姿勢〟が描く物語

　四半世紀近く、数多《あまた》の落語家さんの姿をファインダー越しに見てきて、常に意識しているのは二つの〝姿勢〟である。

　ひとつはいうまでもなく目の前に現れる高座姿。出囃《でばや》子《し》とともに登場し御辞儀《おじぎ》に至るまでの一連の流れと、高座中の腰から下の安定に目が行く。落語にかかわらずさまざまな身体表現においては身体《からだ》の軸がぶれない状態を保持することは基本中の基本であるが、どんな状況にも

対応し、かつ実践することは容易《たやす》いことではない。大きな動きを伴った所作《しょさ》であっても、中心を貫く軸は崩れることなく安定を保ち自在に台詞《せりふ》を身体に染み込ませることで物語は動き出す。日常生活でも腰が落ち着かず微細に動いて話す相手より、どっしり真っ直ぐ語りかけてくる話者がよりスッと入ってくるのと同様、正面からだと気付きにくいが、袖から撮影していると、下半身が微妙に前後に揺れながらの長時間の噺《はなし》は気持ちが無意識に散《さん》漫《まん》になって、なかなかストーリーに入っていけない客席の空気を感じることがある。もって生まれた才なのか厳しい修行で培《つちか》ったものなのか、精緻につくり上げた安定した高座姿を確立した者は、大看板から若手まで間違いなく空間を掌握しお客様を魅了することができる。

そしてもうひとつの〝姿勢〟、それは落語表現に対しての向き合い方。限りない落語への愛情と思考、自らの内観を経た台詞ひとつひとつに込めた想《おも》い、それが高座から見てとれる。

浸透する言葉の一粒、一粒と隅々まで行き届いた安定

感ある所作、その二つの〝姿勢〟が相まって描き出す高座は、まさに落語家という表現者の生き方の発露そのものだ。

自分は落語の数だけ落語家がいるとは思っていない。むしろ落語家の数だけ落語があると思っている。だから落語を聴きにいく以上に演じるその人に会いたいという気持ちが強い。たとえ同じ噺であっても演者が違えば別の噺、古典も新作も改作も演者の心の有り様が具現化されることで聴き手の記憶に深く刻まれる。

そして落語作品は後世に残り落語家は一代限り。あの日見た高座も、あの場所で出会った落語家さんもその瞬間だけのもの、二度と同じ空間は訪れない。誰しも永遠などどこにもないことなど知っている。だからこそ自分は今目の前の高座をいつまでも落語ファンの心に焼き付けたいと願いながら撮影する。

聖俗が同居し捉えきれない感情とともに生き続ける滑《こっ》稽《けい》で切ない人間の営みの物語。

落語がみせてくれる世界には人生の追憶と人間への深い愛情が宿っている。

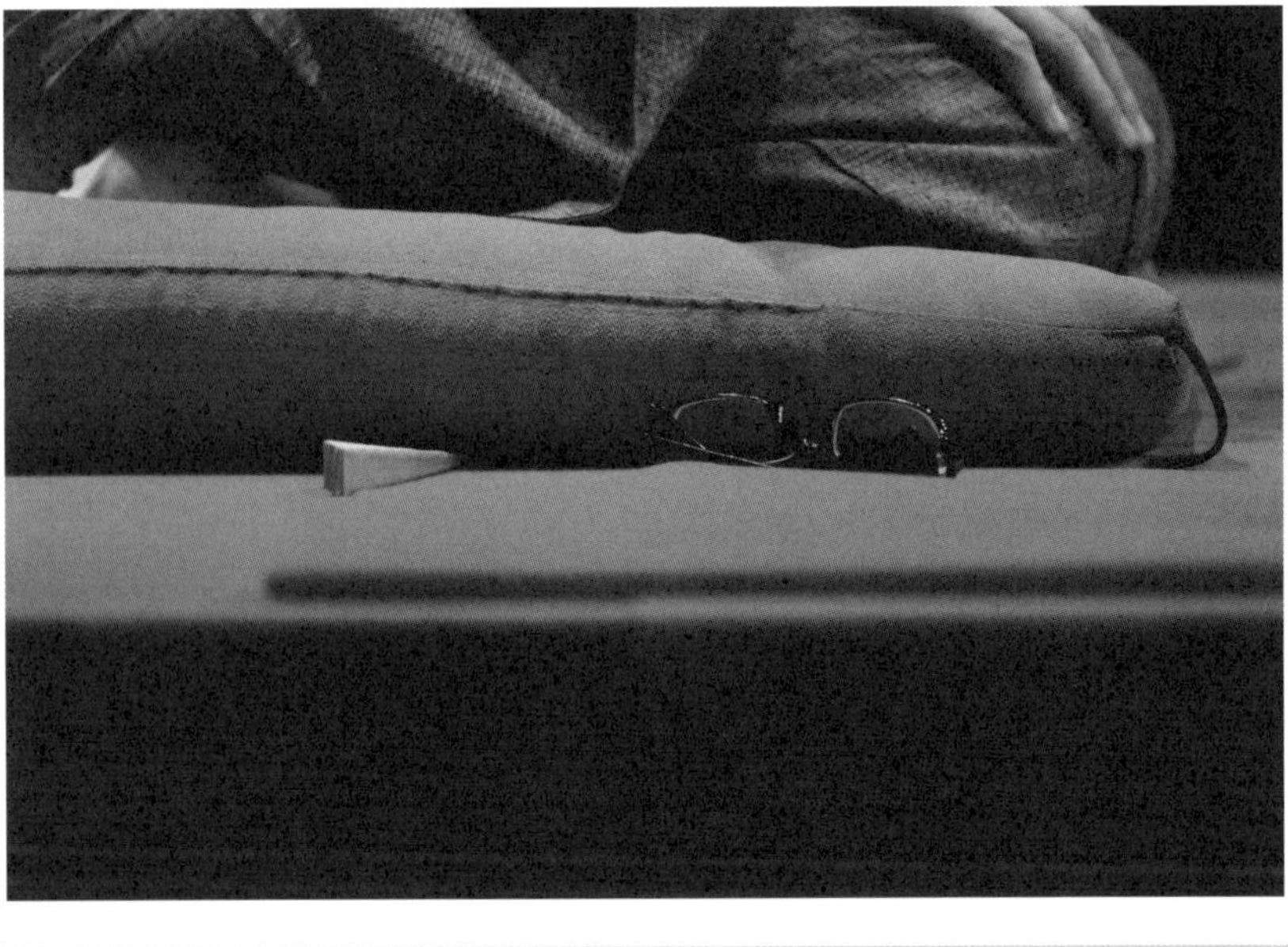

二章

落語の愉しみ方

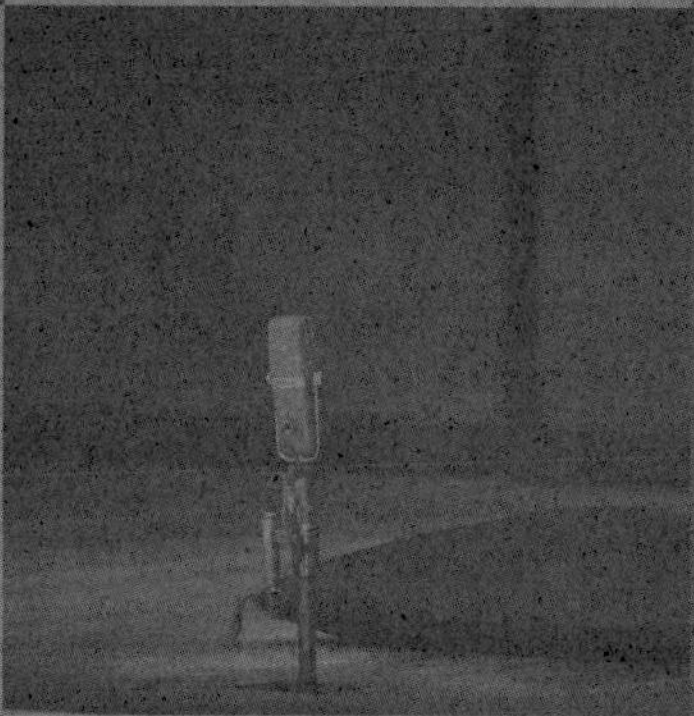

練り上げられて新しい「古典落語」と落語的共感の現代化「新作落語」

広瀬和生

名人の活躍が「古典落語」の造語を生んだ

落語には「古典」と「新作」という分類がある。

といっても、「古典落語」という言葉がつくられたのは日本人の生活様式が大きく変わった戦後のこと。落語とは同時代の観客に対して演者が語りかける芸能で、江戸から明治、大正と落語が歴史を重ねるなかで磨き上げられた「共有財産」としての演目は、時代に合わせて少しずつリニューアルを重ねることでリアルに共感できる作品として受け継がれてきた。だが戦後の高度経済成長時代になり吉原《よしわら》も廃止されると、落語の世界の時代設定は明らかに「昔のこと」になってしまった。その「昔のこと」であるという事実をポジティブに受け入れて、「時代設定は昔だけれど、今の人間が聴いても共感できる噺《はなし》」として提供されるのが「古典落語」というものだ。

ただし、「新作落語」という言葉はそれ以前からあった。不特定多数の演者が連綿と受け継いできている、おもに作者不詳の「スタンダード」としての落語に対して、現代に生きる特定の演者（もしくは作家）がつくったことが明らかな「新しい作品」のことを「新作落語」とよんだのである。

たとえば初代三遊亭圓朝《さんゆうていえんちょう》＊1が創作した『文七元結《ぶんしちもっとい》』『死神《しにがみ》』『双蝶々《ふたつちょうちょう》』ほかの作品群は「明治の新作」だ。明治生まれの益田太郎《ますだたろう》という実業家が書いた『かんしゃく』『宗論《しゅうろん》』『堪忍袋《かんにんぶくろ》』も「明治・大正の新作」だし、漫画『のらくろ』で有名な田河水泡《たがわすいほう》が書いた『猫《ねこ》と金魚《きんぎょ》』のような「昭和の新作」もある。

だが、昭和三十年代に落語を「伝統芸能」と位置づけて地位向上を図り、「古典落語」という造語《ぞうご》を用いて「古きよき落語の伝統」の称揚を図った評論家や作家は、現代の風俗を取り入れて寄席でウケている新作落語を「邪《じゃ》道《どう》」と決めつけた。現実の寄席では「今」を描く新作で人気を得ている落語家も多く、その意味では決して邪道ではなかったが、「昭和の名人」たちの活躍による「古典落語の黄金時代」の訪れとともに、「新作落語はウケねらいの徒花《あだばな》、所詮は邪道」という価値観が落語通の間に定着してしまった。

その価値観に対して猛然と反抗したのは六代目三遊亭圓生《えんしょう》門下の鬼才、三遊亭圓丈《えんじょう》＊2だ。圓丈は圓生が昭和五十四年に亡くなると、翌年から新作一

＊1――三遊亭圓朝（初代）
（一八三九～一九〇〇年）

『真景累ヶ淵』『怪談牡丹燈籠』などの怪談噺や人情噺、落とし噺まで幅広い演目を創作した。取材に基づいた噺や海外の物語を翻案したものなど、さまざまなアプローチがみられる。江戸落語の完成度を高め、落語自体の社会的地位を向上させたため、落語中興の祖と評される。

＊2――三遊亭圓丈
六代目三遊亭圓生の七番弟子で、一九七八年に真打昇進、圓丈を襲名。「実験落語」として新作落語の会を行い、後進に大きな影響を与えた。『グリコ少年』『悲しみは埼玉に向けて』『ぺたりこん』など生み出された新作は多数にのぼる。

本に絞り、大量の作品群を生み出した。圓丈の新作落語は、寄席で人気の「現代の風俗を取り入れた」新作とはまったく異なる、先鋭的で実験的な表現形態だった。

「新作」の隆盛が落語を自由にした

正直に言えば、圓丈の奮闘は落語通たちの「新作は邪道」という決めつけを覆すことはできなかった。だが、後進に与えた影響は絶大だった。圓丈が、既成の概念にとらわれない作品を次々に生み出す姿勢をみて、「自分に合った落語は自分で創《つく》れればいい」と新作落語を志す若者が出てきたのである。春《しゅん》風亭昇太《ぷうていしょうた》、柳家喬太郎《やなぎやきょうたろう》、三遊亭白鳥《はくちょう》といった演者だ。彼らは自らを「圓丈チルドレン」とよび、それぞれ強烈な個性を発散する「自分だけの新作落語の世界」を確立した。そこにあるのは「古典ではなく新作である必然」だ。

古くから伝わる演目のなかで「人間の本質」を表現し、現代人の共感を得られるのが、優れた「古典の演者」である。だが、古典の範囲から逸脱した「現代のテーマ」を語るには、現代を舞台にした「新しい物語」を創作する必要がある。それをもっとも理想的な形で体現しているのは立川志の輔《たてかわしのすけ》だ。古典を現代人の視点で捉え直して演じている志の輔の古典と、現代を生きる日本人なら誰もが共感できる志の輔の新作は、「志の輔らくご」として等価

春風亭昇太→一四ページ
柳家喬太郎→二二ページ
三遊亭白鳥→五四ページ

立川志の輔→一〇ページ

である。

二十世紀末に低迷した落語が二十一世紀に多くの観客に共感を得られる芸能として蘇《よみがえ》ったのは、かつての「古典は先人の型を継承すべきものである」という呪縛から解き放たれた優れた演者が「自分の古典」の創作に励むようになったからだ。そして、その流れのなかで、古典も新作も「その演者の落語」とひとくくりにされてしかるべきである、という受け止め方が落語ファンの間に根付いた。それはすなわち、「落語は落語」という原点に返ったということだ。

現代落語界において、「古典と新作」という対立関係は消滅した。「古典落語」という造語が定着して半世紀を過ぎ、ようやく落語の世界が「あるべき姿」に戻ったのである。

立川志の輔

新作落語の転換期となったSWA《すわっ!》

広瀬和生

二〇〇四~五年ころからの「落語ブーム」の起爆剤となった新作ユニットが、春風亭昇太《しゅんぷうていしょうた》を中心に三遊亭白鳥《さんゆうていはくちょう》、柳家喬太郎《やなぎやきょうたろう》、林家彦《はやしやひこ》いち*1が結成した「SWA（創作話芸アソシエーション）」だ。これは、それぞれ自分で新作を生み出してきた彼らが、集団でのブレインストーミングで新作を練り上げ、共通の持ちネタとして演じようという趣旨で結成されたもので、二〇〇四年に第一回公演が行われてたちまち人気爆発、二〇一一年十二月の活動休止まで「もっともチケットの取れない公演」として注目を集めた。

　SWAは「新ネタの創作」「過去のネタのリニューアル」「作品の共有によるネタの練り上げ」を三本柱に、パッケージとして有意義な会を目ざした。「落語会に来てもらう」のではなく「SWAというエンターテインメントを

*1――発足当初は講釈師の神田山陽も参加していたが短期間で脱退している。

SWAのチャンピオンベルト

SWAメンバー。左から林家彦いち、三遊亭白鳥、春風亭昇太、柳家喬太郎

観に来てもらう」という発想だ。SWAは、それまでマイナーにみられがちだった新作落語を、「従来の落語のイメージとは一線を画す新鮮なエンターテインメント」としてみせる自己プロデュース公演だった。

　春風亭《しゅんぷうてい》小朝《こあさ》が立川《たてかわ》志《し》の輔《すけ》、笑福《しょうふく》亭鶴瓶《ていつるべ》、春風亭昇太、柳家花緑《やなぎやかろく》＊2、林家《はやしや》こぶ平（現・正蔵《しょうぞう》）を巻き込んだ「六人の会」＊3は、小朝がプロデューサーとして「マスを動かして落語にスポットを当てる」ための基盤だった。それに対しSWAは、同じ志をもつ仲間が「集団プロデュース公演」を提供するユニットだ。彼らは「落語で遊ぶ」楽しさを教えてくれた。オモチャ箱のようなSWA公演の楽しさは、

＊2――柳家花緑
一九八七年に中学卒業後、祖父の五代目柳家小さんに入門。洋服で椅子に座って落語を演じる「同時代落語」も手がける。

＊3――「六人の会」
二〇〇三年に結成され、「東西落語研鑽会」や、銀座周辺の会場で所属に関係なく東西の落語家が参加する「大銀座落語祭」（二〇〇四～〇八年）を開催した。

落語につきまとっていた「古典を鑑賞する」というイメージを払拭《ふっしょく》した。

SWAが始動する前から昇太、白鳥、喬太郎、彦いちに代表される「圓丈《えんじょう》チルドレン」はそれぞれのファンに対して「自分の新作」の魅力をアピールしていた。だが落語界にあってそれは決してメジャーな動きではなく、新作は依然としてマイナーな存在だった。それを劇的に変えたのがSWAだ。SWAの客層は若者中心、それも女性が多く、SWA公演の客席の雰囲気は従来の落語会とはまったく異なる熱気に満ちていた。それまで少数のマニアに支持されていた「圓丈を起点とする新作落語のニューウエーブ」をメジャーな存在にしたSWAの功績は大きい。

エンターテインメントとしての落語を再提起

SWAは、目の前の観客との連帯感を大事にした。映像やトークなどで「楽屋裏」をみせ、その手作り感によって観客はSWAの世界の一員となったような親近感と連帯感を覚え、リピーターとなる。もちろん大前提は「落語そのものが面白い」ことだが、SWAのメンバーは全員が各々《おのおの》の個性で観客を満足させられる超一流の演者であり、独創的な作品を次々に生み出してきた天才的なクリエーターだ。そんな彼らがそれぞれの知恵を振り絞って「クオリティの高いパッケージ」を目ざした公演が面白くないわけがない。

従来の落語会とは一線を画した「団体芸を楽しませる」ＳＷＡ公演は、演劇などのエンターテインメントに関心が高い、新しい客層を掘り起こした。彼らが「チケット争奪戦に勝ち抜いて落語会に足を運んだ」意義は実に大きい。それ以前は、いくら面白い新作落語があっても、狭い落語の世界で「新作は邪道」であり「古典より下」とみられていた。だが、ＳＷＡが落語ブームを牽引《けんいん》した八年間を経て、そんな偏見はほぼ払拭されたといっていい。少なくとも実際にチケットを買ってナマの落語を聴きにいく「現在進行形の落語ファン」には「新作は邪道」などという古典至上主義者は見当たらない。

　ＳＷＡはまた、「エンターテインメントとしての落語」という価値観を普及させたことで、古典落語のあり方にも影響を及ぼした。かつて邪道とみられた「現代的な面白さをアピールする古典」というあり方が、伝統的な寄席の世界においても当たり前になっていった背景には、ＳＷＡの活躍があった。「落語は硬直化した古典芸能ではなく現代人のためのエンターテインメントである」という事実を、ＳＷＡがわかりやすく提示したのである。

　なお、活動休止から八年後の二〇一九年十二月にＳＷＡの復活公演が行われ、エンディングトークで翌年以降の活動継続が宣言された。二〇二〇年に予定されていた公演はコロナ禍で中止となったが、彼らはすでに「次」に向かって動いている。

新作が生まれるとき

サンキュータツオ

世間の変化に合わせて落語も生まれ続ける

現代にも通じるテーマを古典落語に見出すことはできますが、かといって現代人が感じること・考えることのすべてのテーマが古典にあるわけではありません。そうなると「ない」ものは「創《つく》る」「こしらえる」しかないわけです。

新作といってもさまざまです。昔は人力車をタクシーに変えただけのものでも新作でしたし、後世に残そうなんていうつもりも最初からない、その場しのぎの儚《はかな》さをもったもの、だからこそくだらなくてよいものもありました。一方で、人情噺《にんじょうばなし》のように聴かせる噺があるという極端なふり幅でした。しか

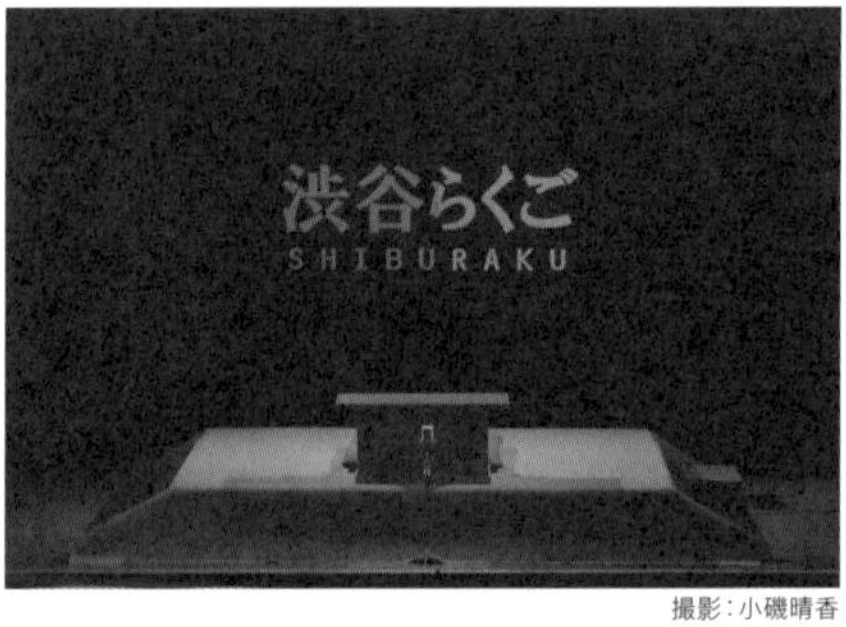

撮影：小磯晴香

し、三遊亭圓丈《さんゆうていえんじょう》師匠以降、笑わせられなかったら新作じゃない！　という時代になり、それに成功してようやく「聴かせる」ものも出てきました。人情噺というよりは、文芸性の高いもの、と表現したほうがよいでしょうか。必ずしも笑いだけを目的化していないものです。

創り方もさまざまで、作者と演者が別々のもの（最近では新作の台本のコンテストがあるくらいです）、また演者さんが自身で創るもの、三題噺《さんだいばなし》*1で作るものなどがあります。基本的には自分の個性にあった噺を自分で創る、という人が多いようですが、最近では他の演者でも語れそうな普遍性があるものも量産されています。新作はもはや儚いものから、残るものへ。そして古典がそうであるように、どのような個性にも対応できるだけの作品数が揃いつつあります。

*1——三題噺
三つのお題を入れ込みながらつくられる新作落語。その場で即興的に高座に掛ける場合と、先にお題を挙げておき、つくり込んだ新作として発表する場合がある。

新作ネタおろしの会で客層も多様化

発表される場所についてですが、演者にとって「新作のネタおろし」は、古典のネタおろし以上に、特別なカードです。なので基本は自分の勉強会などで披露する人が多いです。何より、自分のお客さんを集める動機のひとつにもなります。まずは温かい人たちの前で、自分を受け入れてもらうのが一番です。勇気がいるぶん、リターンも大きい、非常にエネルギーのかかるのが新作落語です。失敗も尾をひきます。
ただ、「せめ達磨《だるま》」＊2という新作ネタおろしの会や、「ソーゾーシー」＊3のように創作をやる演者によるユニットとしての活動で、新しいお客さんを増やすことも行われていますし、会やユニットのファンも増えてきています。林家彦《はやしやひこ》いち師匠をプロデューサーとしている創作ネタおろし会「しゃべっちゃいなよ」も人気公演です。こういった動きは、高齢化し古典をのぞむ既存の落語ファンに対してというより、お笑いやコント、あるいは映画や小説が好きな新たなファン層獲得にも貢献しているようです。

生まれ落ちた新作の成長を見守る楽しみ

独演会や勉強会ではなく、複数の演者たちがネタおろしをするというのは、演者も観客も非常にスリリングな体験をすることになります。これまでの落語ファンと新たな落語ファンの合流地点でもある新作ネタおろしの会は、一九八〇年代の「実験落語」＊4、九〇年代の「落語ジャンクション」＊5、二〇〇三年に結成したユニットSWA《すわっ！》などでも行われてきました。お客さんは特定の演者のファンというより、ネタおろしされるその瞬間に立ち会いたくて来ています。いまから語られる噺《はなし》が、どれくらいの長さのものか、笑わせるものなのか、怖がらせるものなのか、どういう種類のものかまったくわからな

＊2――せめ達磨
林家きく麿、三遊亭天どん、古今亭志ん五、古今亭駒治、三遊亭粋歌、三遊亭めぐろ、柳家花いちの七人による新作落語ネタ下ろしの会のためのユニット。

＊3――ソーゾーシー
二〇一七年に結成された創作話芸ユニット。浪曲師の玉川太福、落語家の瀧川鯉八、春風亭昇々、立川吉笑が参加。

＊4――実験落語
小劇場の渋谷ジァン・ジァンで三遊亭圓丈が中心となって毎月開催していた新作落語の会。夢月亭清麿、柳家小ゑんなど新作派が参加し、次の世代にも大きな影響を与えた。

＊5――落語ジャンクション
新作落語会のひとつで、SWA発足のきっかけとなった会。

SWA→一二四ページ

い状態で、想像するのです。

　落語はお客さんと演者で創り上げていくものです。そういう意味では、「空間」を創り上げていく芸能です。その空間にいる全員で出産に立ち会う。それが新作落語ネタおろしの最大の魅力です。

　みなさんも新作ネタおろしに立ち会うときは、まだ粗《あら》があっても想像で補正してみてください。その作業がとてつもなく楽しいです。そして出来上がった噺がその後いろんな場所で、あるいは別の演者で語られているのを知ると、よりうれしくなるのです。

2014年に渋谷のユーロライブで始まった「渋谷らくご」（通称シブラク）。落語初心者が楽しめるようにというコンセプトで、毎月第2金曜から5日間開催される。1人あたり30分、二つ目でもトリがとれる「渋谷らくご」、2人の落語家による「ふたりらくご」、「創作落語（新作落語）の会」など特色ある構成になっている。

シブラクでは高座のあとに、キュレーター・サンキュータツオによる解説が入ることも。また創作落語をネタおろしする会「しゃべっちゃいなよ」では、この会のプロデューサー・林家彦いちとのトークで、創作落語評を聴くことができる。

撮影：小磯晴香

神保町のカフェで落語を

落語を身近なものにした「らくごカフェ」

神田神保町《かんだじんぼうちょう》にある神田古書センタービル5階に、扇子をモチーフとしたデザインののれんがかかる。青木伸広《あおきのぶひろ》氏が二〇〇八年十二月に開業した「らくごカフェ」だ。店内には落語関係の書籍・CDなども置かれ、昼はカフェ、夜は落語会というスタイルで営業している。カフェらしい明るい雰囲気で、コンクリート打ちっぱなしの天井には、落語家の手ぬぐいが飾られている。

毎週火曜日に開かれる「らくごカフェに火曜会」は、「イキのいい二つ目の二人会を楽しむ会」として、オープン当初からカフェが主催となって続く会となっている。開業時には落語関係者からも、その存続を危ぶまれたこともあったそうだが、二〇一九年には、さだまさし、立川《たてかわ》志《し》の輔《すけ》、立川談春《だんしゅん》、そして「火曜会メンバー」が勢ぞろいした武道館での十周年記念公演を実現させた。

青木氏にライブで楽しむ落語の魅力を聴いてみた。

——らくごカフェができて十二年、どのような場を目ざしてカフェを始めたのでしょうか。

青木……そもそも、ミュージシャンにはキャリアの振り出しになるようなライブハウスが全国に無数にあるのに、落語家がスタート地点にするような場が見当たらなかったのが、悔しかったんですね。同時に、落語ファンの方々が集まれるようなスペースがあればと。演芸場ではなく、カフェにしたのは、お客さんに気軽においでいただきたかったからです、コーヒーやビールを楽しみながら、肩ひじ張らずに。

——小学生のころから聴き始めたという筋金入りの落語のファンから、らくごカフェのオーナーとして落語界の関係者となった青木さんにとって、落語という芸能自体の魅力はどういうものでしょうか。

青木……アートとエンターテインメントの間で、常に揺れ動いている話芸だと思います。ネタが違えばもちろん、演者によって、演じ方によって、ときには素晴らしい芸術作品であったり、ときには馬鹿馬鹿しい笑い噺《ばなし》だったり。ひと言でこれだと定義するのは難しいですね。

落語の魅力は、日本人ならどなたでも楽しめる、ひとり語りの芸であること。子供のころに大人から聞かされた「むかしむかし、あるところに……」という昔話。これでみなさまは落語を聞く稽古をじゅうぶんに積んでいますので、安心して身を委《ゆだ》ねてください。

昭和から平成にかけての名人・立川談志《たてかわだんし》は「落語は業《ごう》の肯定」であるといいました。古典として伝わる話は、たいていの場合、「忠臣蔵《ちゅうしんぐら》」に代表されるようなヒーロー物語です。しかし、主君の仇《かたき》を討《う》って切腹して果てたのは、赤穂《あこう》藩という大藩のなかでたった四十七人。その他の大勢には、はなから参加の意思がなかった者、途中で逃げ出した者、なかにはさっさと武士を辞めてしまった者も。この、ヒーローになれなかった〝その他大勢〟を描いているのが落語だと。この談志師の持論に私は賛同します。

バブル景気に沸いていた平成のはじめは、確実に落語冬の時代でした。文化も外へ外へ向かって伸びていた時代。ところが、経済成長が落ち着くにしたがって、日本人も自分の足元を見ることに気付き始めました。平成の初頭、どれほどの人が、夏のショッピングモールで浴衣のコーナーがある未来を想像できたでしょう。時代漫画だけの雑誌が成立すると思ったでしょう。学生旅行でひなびた温泉が人気になると予想できたでしょう。落語ブームといわれるムーブメントは、大きな「和」を見直す日本回帰の一環で、ブームとして捉えられないほど、もはや定着いたしました。そうです、落語は元来人気のある芸能で、ようやくその位置付近まで戻ってきたのです。

そして令和時代の落語は、古典に自分なりの一手を加えた、オリジナリティあふれる「個性」と「現代」をふんだんに取り入れた、ハイブリッドが好評を博しています。しかし、これも今始まったわけではありません。江戸の文化が刷新された明治時代には、「現代」を入れた改作や新作、珍芸が流行し、その反動で従来の落語を守ろうと「落語研究会」が発足しました。まさに時代は巡ります。

——寄席でもなく、ホールでもなく、カフェのような形の落語を聞く場所は新しいものだと思います。今ではいろいろな形態の落語を聴く場所ができましたが、その先陣を切ったらくごカフェの理想はかなえられていますか。

青木……理想がかなえられたどころではありません。若手、ときにはベテランもここを主戦場にしてくださる方は多く、上方《かみがた》落語、講談《こうだん》、浪曲《ろうきょく》も含めて、年間四百回以上の演芸会が開催されています。十周年には日本武道館での落語会も敢行いたしました。また、都内には同じような規模の演芸場やライブハウスが複数できました。これは本当に嬉《うれ》しいことで、まさに想像以上の未来ですね。

——火曜会は十年経《た》ってメンバーも次々と真打へと昇進されましたね。

青木……はじめは二つ目だった初期メンバー全員が真打に昇進、各寄席でトリを務めているのは、まさに感無量です。また、昇進して卒業した面々のOB会、新加入の現役との交流会と、楽しみは倍増していきますね。

——コロナ禍で、らくごカフェも一時休業を余儀なくされました。客席を減らしながら再開となりましたが、あらためて、生《なま》の高座の魅力を聞かせてください。

青木……江戸時代より、大災害、戦火、疫病と、さまざまな困難を乗り越えて、落語はいまだに輝きを放っています。笑うことは免疫力を高めることにつながるのは、もうみなさまご存じのこと。大いにライブを楽しんでいただきたいです。

もちろん、伝説の高座、世紀の名演とよばれる、音源や映像を楽しむのも一興です。しかし、よくよくその高座を聴いてみると、必ずそこに素晴らしいお客さまの反応があるはずです。そう、演芸の高座は、お客さまとの呼吸でつくられるのです。最高の一席には、必ず最高のお客さまがいらっしゃいます。これは断言できます。ですから、みなさまどうぞライブに足をお運びください。

火曜会

「イキのいい二つ目の二人会を楽しむ」というコンセプトで毎週火曜日に開催。柳家三之助、蜃気楼龍玉、柳家小せん、三遊亭天どん、古今亭志ん陽、金原亭馬玉、春風亭一之輔、古今亭文菊、柳亭こみちのメンバーでスタート。その後林家たけ平、柳家わさびなど新メンバーを迎えながら現在まで続く会となっている。

毎日落語を楽しめる「寄席」の魅力

佐藤友美

昔も今も手頃に楽しめる寄席《よせ》では、ほぼ毎日、演芸の興行が行われています。都内には上野鈴本《すずもと》演芸場、浅草演芸ホール、新宿末廣亭《すえひろてい》、池袋演芸場、半蔵門《はんぞうもん》に国立演芸場と五つの寄席があります。ほかにも大きなホールを借りて行われるホール落語といわれるものや、町内会館やお寺で小規模に行われる会、若手が小屋を借りて勉強会を開くこともあり、目を向ければいかに首都圏が演芸天国なのかがわかると思います。

寄席はひと月を三つ（上席《かみせき》毎月一〜十日、中席《なかせき》十一〜二十日、下席《しもせき》二十一〜三十日）に分けて興行が組まれます。持ち時間はだいたい一人十五分で、入れ替わり立ち替わり出演者が出てきます。途中で休憩の「仲入り」を挟み、主任（トリ）*1の落語家は三十分以上、たっぷり聴けます。落語の合間には

高座返し
東京の寄席などで、演者の出番と出番の間に高座の座布団を裏返したり、色物で使う道具などを運ぶのは前座とよばれる人だ。前座とは、落語家を志し、師匠（真打）に入門を許された人が、見習いを経て寄席などで本格的な修業を始めた段階の人をさす。前座からスタートした修業は二つ目でプロとして独り立ちとなり、真打に昇進すると寄席で主任（トリ）を取ったり、弟子をとったりすることが可能となる。

色物《いろもの》とよばれる多種多様な芸がみられます。漫才や紙切り、奇術や太神楽《だいかぐら》曲芸などです。講談や浪曲もあります。誰が出演しているか知りたいときは『東京かわら版』（→一四八ページ）や寄席のウェブサイトをチェック。

　企画公演＊2のときは前売券が出ることもありますが、基本は当日、入場券を買って入ります。いつ入場して、いつ出てもOK（飲食も可でしたが、新型コロナの流行を受け、ドリンクのみになっているところや、制限のある寄席もあります）。国立演芸場以外は席も自由席なのであいているところに座ります。

　真打昇進や襲名も寄席から披露興行が行われます。そのときはお祝いのお花がずらっと並び、高座の両脇には贈られたお祝いの品が飾られ、背後にはお祝いの後ろ幕が張られるなど、祝祭ムードが漂い華やかです。披露口上には、師匠や協会の幹部が黒紋付き姿で並びます。あちこちの寄席に行ってみると、それぞれの個性を感じ、お気に入りの寄席ができるかもしれません。

　東京以外では、大阪に天満天神繁昌亭《てんまてんじんはんじょうてい》、神戸に喜楽館《きらくかん》、名古屋に大須《おおす》演芸場、仙台に花座《はなざ》、という寄席もあります。

＊1――主任（トリ）
昼の興行、夜の興行でそれぞれ最後の出番を務める人を主任（トリ）という。この主任までの流れを考えて興行が組まれる。休憩となる仲入り前の出番も、主任に次いで重要な出番で持ち時間も長めだ。どんな噺を演ずるのかは、前に出番だった人がどんな噺をかけたのか、また客席の雰囲気などその場で決められる。

＊2――企画公演
「余一会」とよばれる落語会が、三十一日に企画されたり、夏休みやゴールデンウイークなどにも特色ある企画が組まれる。正月も、一〜十日までを初席（はつせき）、十一〜二十日までを二之席（にのせき）といい、初席は「顔見世興行」といって通常より出演者が多いにぎやかなものになる。

寄席のおススメ！ポイント

多くの演者を一度にみられる

寄席でみていいなと思った落語家がいたら、独演会や勉強会に足を運ぶ。
そしてまた寄席に行く。新たな好ましい演者が現れる。
数回繰り返すうち、ずぶずぶと沼に…

忙しい現代人にぴったりな娯楽

どの寄席も繁華街にあり、予約不要、思い立ってふらりと入り、
後に用事があるときは出たいときに出てOKの便利さ。
とはいえ落語や色物の最中には席を立たないこと。
帰るときは高座と高座の合間の前座さんが「高座返し」をしているときなどに
素早く席を立とう。夜割などを設定している寄席では入場時間によって
割引などもあるが、入場できる時間は仲入りころまでとなっているので注意。
（昼夜入れ替えなしのところでも、再入場はできません。）

浮世を忘れてのんびり

令和だということを忘れるくらい、のんびりとした時間が流れ、
聴くともなしにぼんやりしてもいいし、前のめりになって聴いてもいい。
それでも次から次へと鼻から息をしているおじさんやおじいさんが
出てきてごにょごにょ話しては去っていく、愉快なひとときが過ごせる。

初めて行っても楽しくて、深く知れば知るほどもっと楽しく

出囃子《でばやし》を聴くだけで誰が出てくるかわかるようになったり、
同じ噺《はなし》なのに演者によって全然違うように感じたり、
だんだん差違を楽しむことができて、よりいっそう面白くなってくる。
若手をみれば、その師匠をみる機会もあったり、
一門のルーツをしみじみ感じたりできることも。

東京の寄席（落語定席）案内

◉上野鈴本《すずもと》演芸場

1857年創業の、寄席のなかではもっとも古い歴史をもつ。落語協会に所属する芸人が出演する。昼夜入れ替え制。

●昼の部：12時30分〜16時30分
●夜の部：17時30分〜20時40分
●所在地：台東区上野2-7-12

◉新宿末廣亭《すえひろてい》

1946年に創業され、現在の建物は昭和初期に建てられた木造建築。椅子席の両側に桟敷席もある。落語協会、落語芸術協会の番組が交互に公演される。昼夜入れ替えなし。

●昼の部：12時〜16時30分
●夜の部：17時〜21時
●所在地：新宿区新宿3-6-12

◉浅草演芸ホール

浅草観光で立ち寄る人も多く、初心者も入りやすい。落語協会、落語芸術協会の番組が交互に公演される。原則的に昼夜入れ替えなし。

●昼の部：11時40分〜16時30分
●夜の部：16時40分〜21時
●所在地：台東区浅草1-43-12

◉池袋演芸場

出演者の出番が20分ほどと他の寄席より長めの持ち時間になっている。落語協会、落語芸術協会の番組が交互に公演される。下席《しもせき》の夜の部は落語協会による日替わりの特別興行となっている。上席《かみせき》と中席《なかせき》は昼夜入れ替えなし。

●昼の部：12時30分〜16時30分
●夜の部：17時〜21時
●所在地：豊島区西池袋1-23-1

◉国立演芸場

上席と中席のみが定席《じょうせき》公演で、前売り券も発売されている。座席は指定席。

●昼の部：13時〜16時
＊夜の部18時〜21時の回があることも。
●所在地：千代田区隼町4-1

浅草演芸ホール

春風亭一朝

寄席で聴きたい、この人の決まり文句！

少しだけ照れをにじませつつ淡々と「名前が一朝だけにイッチョウ懸命やります」と言うのが高座での決まり文句。洒脱《しゃだつ》でかっこいいのにサンリオキャラクターのような可愛《かわい》さが不思議と同居する、江戸前のベテランだ。短い噺《はなし》も大ネタも、聴き手に優しく、爽やかに楽しませる高座が魅力。颯爽《さっそう》とした高座とさっぱりした性格に魅了され入門する弟子が後を絶たず、六代目春風亭柳朝《しゅんぷうていりゅうちょう》、春風亭一之輔《いちのすけ》らを育て、今や落語協会きっての大所帯の一門になった。

師匠は五代目春風亭柳朝。江戸前で早《はや》間《ま》で威勢のよさと気っ風のよさで知られたが若くして病に倒れた。惣領弟子《そうりょうでし》として可愛がられ、立川談志《たてかわだんし》師をはじめ、いろんな師匠方に稽古をつけてもらう手はずまで整えてもらったそうだ。

『蛙茶番《かわずちゃばん》』『大工調《だいくしら》べ』など威勢がよくてトントンと小気味よくて味わいもあって、寄席のどこの出番で見ても「いいものを見たな…」としみじみ思わせてくれる師匠。

テレビドラマで江戸ことばの指導をするほど江戸ことばに精通し、NHKの大河ドラマの監修をしたことも。笛のプロでもあり、二つ目のころ、鳳聲克美《ほうせいかつみ》の名で歌舞伎座で吹いていたこともある。

歌舞伎役者、五代目片岡市蔵《かたおかいちぞう》の娘と結婚したので六代目片岡市蔵・四代目片岡亀蔵《かめぞう》と親戚関係でもあり、梨園に縁が深い。十八番の『芝居《しばい》の喧嘩《けんか》』をさらっとやりつつも、聴き手のなかにするすると光景が浮かんでくる説得力があるのは、ハラから染みついているものがあるからだろう。

（佐藤友美）

春風亭一朝　しゅんぷうていいっちょう

1970年に前座、1973年に二つ目昇進し、「一朝」と改名、1982年に真打昇進。落語協会。

撮影：浅草演芸ホールにて

桂文治

親しみやすさのなかに漂う、江戸の風

昭和の漫画の登場人物のような親しみやすいルックス、大きくてはっきりとした声が響く、落語芸術協会を代表する古典派のエース。高座が元気で明るく、愛嬌《あいきょう》のある笑顔で人を笑顔にさせる。キャラクター全開（？）のマクラの後の、師匠である先代文治ゆずりの古典落語は、何を聴いても楽しい。自身の素の語りで噺《はなし》を進める地噺『源平盛衰記《げんぺいせいすいき》』や『お血脈《けちみゃく》』などで当代の個性がイキイキと輝く。先代の十八番でもあったが、当代もテンポよく脱線する話がまた楽しい。沸きに沸いた客席が鎮まる間、とぼけた顔をしているところを見るのが好きだ。文治を見ていると「ああ、落語って楽しいな」としみじみ思える。

平素より和服で過ごし、師匠である先代文治からの教えが染みついている。華やかで骨格がしっかりした噺は、豊かな物語世界が立ち上る。正統派の古典落語をスケールの大きい高座できちんと後輩たちに教え伝えていこうとする意欲も頼もしい。落語芸術協会の理事として後輩を盛り立て、引っ張っている。新宿二丁目のお店からものぼりが贈られる人気者だ。

師匠の十代目桂文治と芸風は違えど、どこか似ている。古典落語の本寸法《ほんすんぽう》をきちっと教わり、住み込みで暮らし薫陶を受け、江戸〜明治の匂いのようなものが漂うのもそのおかげだろう。芸の裏打ちがあり、加えて柄《がら》が大きく筋の通った噺家としての姿勢が美しい。

親しみやすいのに芸の風格があり、それが両立しているのが文治の芸だ。七十、八十代になってもこのまましぶくてかっこよくてゴキゲンな高座を見せてほしい。ずっと高座を追いかけていきます。

（佐藤友美）

桂文治 かつらぶんじ

1986年に前座、1990年に二つ目昇進、1999年に真打昇進。2012年に十一代目「桂文治」を襲名。落語芸術協会。

撮影：新宿末廣亭にて

入船亭扇遊

入船亭扇遊　いりふねていせんゆう
1972年に前座、1977年に二つ目昇進、
1985年に真打昇進し、「扇遊」と改名。
2019年に紫綬褒章を受章。落語協会。

撮影：上野鈴本演芸場にて

噺の魅力を 絶妙なセンスで聴かせる

軽やかで明るく粋《いき》な雰囲気をまとい、噺《はなし》を紡ぐリズムがとんとんと早間《はやま》で心地よく、スッキリした男前の芸だ。噺に入れごとをせず噺の面白さをそのまま活《い》かすまっすぐな芸は、自分というキャラクターが前面に出るのではなく、まず噺ありき、という気概がある。「演者のキャラクター重視の落語」が増えている昨今、逆に魅力的に映る。それでも隠しようのない、様子のいい扇遊の魅力はにじみ出てしまう。師匠である入船亭扇橋《いりふねていせんきょう》の最初の師匠、三代目桂《かつら》三木助《みきすけ》の十八番でもある『三井《みつい》の大黒《だいこく》』『芝浜《しばはま》』なども大切に高座にかけている。これからますます成熟したものをみせてくれる師匠だ。

（佐藤友美）

柳家小満ん

柳家小満ん やなぎやこまん
1961年に前座、1965年に二つ目昇進、1975年に真打昇進、三代目「柳家小満ん」を襲名。落語協会。

撮影：池袋演芸場にて

滋味深い
味わいのある高座

師匠は八代目桂《かつら》文《ぶん》楽《らく》と五代目柳《やなぎ》家《や》小《こ》さん。名人といわれる師匠二人の薫陶を受けた。特に八代目文楽からは生き方のスタイルを学んだ。俳句や川柳にも造詣が深く、文筆家としても知られ、さりげなく博識を披露してくれる文章にもファンが多い。

定番ものから講釈種や埋もれた旧作まで手がけ、ネタの多さには目を見はるものがある。三十年以上継続して開催している独演会ではその一端に触れられる。高座も涼やかな声で流れるようにさらさらとして、決してクサくならず堂々と品よくまとめている。身に付いている粋な言動や知的なたたずまいに憧れる後輩は多い。

（佐藤友美）

三遊亭小遊三

三遊亭小遊三　さんゆうていこゆうざ
1969年に前座、1973年に二つ目昇進し、「小遊三」と改名、1983年に真打昇進。落語芸術協会。

寄席やホールで ギャップ萌えを感じてほしい

『笑点』では水色の着物で「イイ男」「女好き」のキャラクターでお馴染《なじ》みの師匠。テレビでのイメージと、威勢のいい江戸っ子のようにさっぱりと古典落語を魅せる高座とのギャップに色気がある。軽妙で小粋《こいき》で、高座はいつも爆笑の渦だ。卓球の腕前もかなりのものだし、噺家《はなしか》で組むデキシーバンド「にゅうおいらんず」でもトランペットを嗜《たしな》む。充実した毎日が根本にあるからこそ、楽しい高座ができるのだろう。高座にこだわらない姿勢をみせつつも「初めての方でも、気軽に声を出して笑ってもらえるような面白い古典落語をやっていきたい」という闘志を胸に秘めている。

（佐藤友美）

長い噺もたっぷり楽しめるホール落語

佐藤友美

ピンポイントで聴きたい人を探す

ホール落語とは言葉どおり、ホールで開催される落語会のこと。定員百名くらいの小ホールから二千人を超す大ホールまで、規模はさまざまですが、大きなホールで催される落語会は、知名度や人気、実力がある演者が出演し、入場料も四〜五千円ほどします。独演会から五、六名が出演する会までありますす。一席をじっくりと楽しみたい方や、好きな落語家だけをじっくりたっぷり聴きたい人にもホール落語会（独演会）はぴったり。寄席のように当日の高座までどんな噺《はなし》がかけられるのかわからない場合も多いが、「ネタ出し」として事前に高座にかける噺を公表している会もあります。

個人の好き嫌いはともかく、イベントとしてきちんと成立しているのがホール落語。落語初心者にも質の高い落語会を保証してくれる確率は高いです。全国どこにでも近所にひとつはイベントホールがあると思います。まずは地元で楽しみませんか。

ホール落語はおもに五つに分類されます。以下に紹介します。

◉独演会《どくえんかい》　一人で集客できる、真の人気者。一人で二〜三席やるのでたっぷり聴けます。

◉二人会《ににんかい》　仲のよい二人による会や、人気実力が拮抗《きっこう》する、ある意味ライバル的な二人が出演する会など、その組み合わせはさまざま。

◉親子会　師匠と弟子の会を親子会といいます。兄弟会は兄弟弟子でやる会のこと。

◉一門会　師匠とその弟子や同じ一門が何人も出演する会。一門の芸風やルーツを味わうにはもってこい。

テーマや地域にちなんだ落語会、「泥棒が出てくる噺」限定だったり、同じ地元出身や、同じ大学出身の落語家というしばりで行う落語会もあります。

チケット入手のために情報を集めよう

チケットは寄席と違い、前売券を事前に入手します。人気の落語家の出演

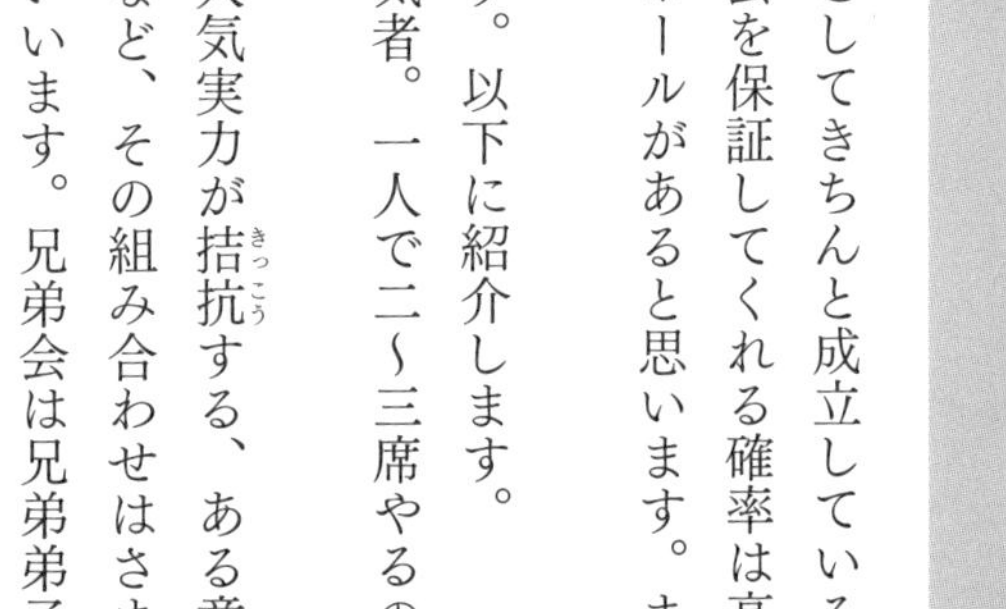

＊1――『東京かわら版』
創刊は昭和四九（一九七四）年十月。演芸家を含め演芸を愛する多くの人々に愛され、支えられて今日まで毎月発行を続ける。落語・講談・浪曲・漫才・マジック・太神楽・紙切り・コントなど、寄席演芸とお笑いに関するニュースと情報が、コンパクトな誌面にぎっしりと詰まっている。

演芸会情報は、寄席定席（上野鈴本演芸場・浅草演芸ホール・

する会は、チケット争奪戦になります。発売開始と同時に売り切れる会もあります。演芸情報誌『東京かわら版』*1の早耳情報というページで先々の会の発売情報をチェックしたり、チケットサイト*2で好きな落語家名を登録したり、情報入手の手段を増やしましょう。また一度落語会に行き、アンケートなどに答え、連絡先などを登録することで、先行予約のお知らせがメールやDMで届いたりします*3。

物販などもあり、グッズや手ぬぐいが買えることも。毎日昼から夜まで開いている寄席がケ（日常）だとするとホール落語会はハレ（非日常）の場。コンサートやお芝居を観にいくときに近いです。飲食は会の前後に時間を取りましょう。終演後、何を食べようかな、などと考えるのも楽しいものです。

寄席とホール落語のほかには地域寄席とよばれる、小さな町内会館やお寺で行われ、お客さんは近所の人ばかり、という会もあります。蕎麦屋《そばや》や寿司《すし》屋《や》、バーなど、飲食店での落語会も多いです。ごく少人数で落語を楽しんだ後は、飲食を楽しみながら演者と語らう懇親会、打ち上げがあるという会もなかにはあります。ネットにも載らないような小さな会まで『東京かわら版』では掲載していますので、一度手にしてみてください。『東京かわら版』は寄席や、一部書店での販売のほか、定期購読も便利です。

気分や自分の都合にあわせて、ホール落語や寄席を楽しむといいですね。楽しい落語ライフを！

新宿末廣亭・池袋演芸場・国立演芸場）情報のほか、関東圏内で開かれる大小の会をとりまぜて毎月千件近く紹介。演芸会の情報をこれだけ網羅的に紹介している媒体はほかにはない。

*2――チケットサイト
チケットぴあ、イープラス、ローソンチケット、カンフェティといったプレイガイド（チケットセンター）でも多くの落語会のチケット販売が行われている。購入はネットが便利だが、コンビニの端末や電話からの利用もできる。好きな落語家名などを登録すると、先行発売などのお知らせも受け取れる。

*3――落語家自身やその個人事務所が主催するものだったり、落語会を開催しているプロモーターだったり、その登録先はさまざま。一緒に配られるチラシもチェックしよう。プロモーターへの会員登録で受け取れる情報や先行販売のチャンスもあるので、HPも要確認だ。

横浜で落語を横浜にぎわい座へご案内！

布目英一

「横浜にぎわい寄席」に加え、多彩な会が目白押し

横浜の下町、気さくな店主のもてなしが心地よい飲食の街野毛《のげ》に横浜にぎわい座はある。この町や中華街、みなとみらいなどで昼食をとってから演芸を楽しんでいただこうと、昼公演は十四時開演になっている。毎月一日〜七日は落語協会、落語芸術協会所属の芸人が合同で出演する「横浜にぎわい寄席」。前座を含めて落語五本、色物二本、全体で二時間半の公演。他の寄席よりも一人の持ち時間が長くなっているのは、じっくりと集中して演芸に親しんでいただきたいという思いがある。この公演は落語をはじめとする演芸に興味をもち始めた方にお勧め。終演時の四時半には開いている居酒屋もあ

るので、お酒好きのあなた、野毛で一杯というのはどうでしょう。

柳家《やなぎや》さん喬《きょう》、五街道雲助《ごかいどうくもすけ》、柳家《やなぎや》権太楼《ごんたろう》、立川志《たてかわし》の輔《すけ》など人気落語家*1の独演会、二人会、一門会、親子会などが目白押しなのも当館の特徴だ。さらに彼らに続けと、野毛シャーレと名付けられた地下小ホールでは春風亭正太郎《しゅんぷうていしょうたろう》、三遊亭粋歌《さんゆうていすいか》、三遊亭わん丈《じょう》、春風亭ぴっかり☆、入船亭小辰《いりふねていこたつ》などの若手が切磋琢磨《せっさたくま》している。最近では桂宮治《かつらみやじ》が野毛シャーレを卒業して、真打と同じ芸能ホールでの独演会開催を二つ目の身分で果たした。

当館は上方落語《かみがた》*2を定期的に楽しむこともできる。上方落語協会の落語家が出演する「上方落語会」では上方落語の特色である三味線や笛、太鼓などの楽器演奏で噺《はなし》を盛り上げるハメモノや住吉踊《すみよしおど》りの特集を行ったり、猫が出てくる噺ばかりを集めた「猫らくご特集」を行ったりと硬軟取り混ぜた企画が並ぶ。また、桂米團治《よねだんじ》、桂南光《なんこう》、桂吉弥《きちや》などの公演で上方情緒にひたることもできるし、上方新作派の第一人者、笑福亭福笑《しょうふくていふくしょう》が弟子の笑福亭たまと行っている独演会も関西色が色濃い名物公演となっている。桂かい枝《し》と三遊亭兼好《けんこう》による東西落語の競演も好評で、この二人に林家彦《はやしやひこ》いち、桂三度《さんど》が加わった「Oh モーレッ！ 落語会」も注目を集めている。

野毛シャーレは、「シャーレ」という名が表すように実験的な公演など従来の枠組みにとらわれない公演も行われている。ムード歌謡漫談のタブレット純《じゅん》と明治大正時代の演説の歌「演歌」の今や第一人者となった岡大介《おかたいすけ》によ

*1——横浜にぎわい座では、上記の会のほか、古今亭志ん輔、柳家三三、桃月庵白酒、林家たい平、春風亭一之輔、笑福亭鶴光、立川志らく、立川生志、三遊亭円楽（六代目）、三遊亭兼好など幅広い演者を聴くことができる。

*2——上方落語
江戸時代中期の露の五郎兵衛と米沢彦八を祖とする大阪の落語をさす。見台や張り扇を使ったり、囃子や鳴り物が入ることもある。

る「ごきげん歌謡ショー」、女性お笑いトリオだるま食堂《しょくどう》によるコントと歌とダンス公演、多才なスタンダップコメディアンのダメじゃん小出《こいで》の「新春18きっぷ」と題した鉄道ネタばかりの公演などだ。

大衆芸能の街、野毛らしい企画も

大道芸でも知られる野毛にはジャズ喫茶の名店「ちぐさ」をはじめジャズの店が点在しており、芸能が息づく街でもある。そのような特色を取り入れた公演も野毛シャーレでは行っている。

二〇一八年には、野毛の町と人々を愛した作家平岡正明《ひらおかまさあき》＊3をリスペクトする「『革命』寄席」を開催した。桂宮治、金原亭馬玉《きんげんていばぎょく》という対照的な芸風の精鋭落語家の口演、海外でも高い評価を受けている野毛の彫師《ほりし》三代目彫《ほり》よしが、舞台の背面一杯に貼られた紙に食器洗いのスポンジなど生活用品を使って達磨大師《だるまだいし》の墨絵を描き上げる間、ドキュメンタリー漫談のコラアゲンはいごうまんが彫よしの一代記を語るという二本立て。ジャズ評論家でもある平岡氏にちなみ、出囃子《でばやし》はジャズを流した。

また、ベイスターズファンの三遊亭《さんゆうてい》ときん、スワローズファンの古今亭駒治《ここんていこまじ》が野球にちなんだ創作落語を語る「ただの野球好き」を二〇二〇年に行って好評だった。公演終了後は、出演者と観客がともに横浜スタジアムでベイ

＊3――平岡正明
（一九四一～二〇〇九年）ジャズや落語などの評論で活躍。野毛のミニコミ誌『ハマ野毛』の編集や、野毛大道芸でもプロデューサー的にかかわった。にぎわい座で二〇〇四年に始まった金原亭馬生一門出演の「うま野毛寄席」では案内役として登場した。

スターズ対スワローズ戦を観戦した。定期公演として継続させていきたい。品ぞろえの豊かさを自慢としている当館において、落語公演は要《かなめ》の役割を果たしている。お気に召すものがありましたら、ぜひ一度お越しください。

横浜にぎわい座

2002年に横浜・野毛に誕生した大衆芸能の専門施設。

●所在地：神奈川県横浜市中区野毛町3-110-1

生の落語の面白さを知ると、落語音源もまた生きてくる

吉岡勉

生の落語を楽しみながら、ぜひ、思い出になるような音源との出会いを

　コロナ禍をきっかけに少なくない落語家が配信を始め、落語会自体の配信も定着しつつあるように思う。これからも、ライブで落語を楽しむ環境は多様化しながら、ますます充実していくだろう。

　音源制作を仕事にしている当人が言うのもなんなのだが、落語は生《なま》で聴くのが一番なのだ。が、落語音源には、時間や場所を選ばずに落語世界へ連れていってくれる力が、時代を超えて楽しめる魅力が、間違いなくある。落語家人口と高座数は増え続け、現在が過去最多だという。落語に触れる間口が

大きく広がる状況とリンクするように、現在は史上もっとも落語音源が充実している時代でもあるのだ。

音源から入った落語体験

今から十五年ほど前、人事異動で配属された部署で柳家小三治《やなぎやこさんじ》CD-BOX制作担当となった私は、確認のためCD音源の『藪入《やぶい》り』を聴き始めた。久しぶりに帰ってくる息子を思い父親がしゃべり続ける夜のシーン、小三治師匠の演じる父親の気持ちが胸に刺さり、感極まって会社のデスクで泣いてしまった（その後、周りに気づかれないようにトイレへ……）。自分でも驚きのこのファーストコンタクト以降も、忘れられない落語音源経験がたくさんある。ライブで落語を聴く機会が増え、落語音源と向き合う時間も長くなると、演者の細かい工夫やそれにこたえる客席の空気の変化、実演と音源の間にある面白さにも気づくようになった。音源でもやはり落語は深く楽しいものなのだ。

実演がメインである演芸の落語が、音源でも楽しまれるようになった歴史は意外に古い。明治後半に落語レコードが発売され人気となり、SPレコード全盛時代を経て昭和三十年代にはラジオの人気コンテンツとなり、多くの音源が残っている。レコードメーカー各社も独自の音源制作を始め、私の所属するソニーミュージックでは、一九七三年から京須偕充《きょうすともみつ》*1プロデュースの

柳家小三治→六ページ

*1——京須偕充
六代目三遊亭圓生と『圓生百席』をつくり上げ、録音を渋る古今亭志ん朝を口説き、記録を残した。柳家小三治とは壮年期から並走し、傘寿を迎えた人間国宝の現在の音源を残し続けている。

三遊亭圓生《さんゆうていえんしょう》『圓生百席』*2を発売、その後の古今亭志《ここんていし》ん朝《ちょう》一連のレコードと合わせて、落語音源制作のエポックメイキングとなった。平成の落語ブームを迎えた二〇〇〇年以降も、来福レーベルを立ち上げた弊社を含む多くのレコードメーカー・レーベルからさまざまな演者の落語ＣＤが発売され、その後も新旧問わず多くの落語音源が提供され続け、今に至る。

音源も落語入門にもってこいの情報源

さらにここ数年は、音楽シーンと同様に、Apple MusicやAmazon Music、Spotifyなどの配信サービスへの音源供給が始まり、ダウンロードや定額制ストリーミングサービスでも落語を聴くことができるようになった。現在は古今東西の多くの演者の落語音源を、ＣＤやさまざまなサービスを選んで聴くことができる。これを利用しない手はない。落語好きなら、落語についての知識や情報を求めているはず。まずは、興味がある演者のいろいろな演目音源を聴いてみてほしい。すでに落語ＣＤやストリーミングサービスを楽しんでいる方ならば、少し深掘りして、好きな演者の師匠や大師匠の音源を探して聴いてみるのはどうだろう。好きな演目の聴き比べもお勧めしたい。過去の名人たちの名演に手を伸ばすのもありだ。今後さらに充実する落語音源に備え、今この状況を利用しない手はない。

*2――『圓生百席』
圓朝もののほか、廓噺、音曲噺、芝居噺など広い芸域で知られる六代目三遊亭圓生が晩年に残した音源。編集にも参加し、完成したのが、圓生の死の三週間前だったという。

おすすめの落語音源

＊発売元は商品発売当時の社名を記載しています。

聴きやすく落語の魅力がつまった音源です。
みなさんの今後の豊かな落語ライフの参考に！

古今亭志ん朝

落語名人会4 古今亭志ん朝「文七元結」

ソニー・ミュージックレコーズ

昭和の名人古今亭志ん朝が、生前唯一発売を認めたシリーズから、人情噺の名作のこちらを。尻上がりのテンポと圧倒的な迫力、若き志ん朝の冴えわたる高座を堪能できる。レコードとして発売後、CDとして再発売され現在も売れ続けているロングヒット商品。落語CDマスターピースと言い切れる一枚だ。

立川志の輔

志の輔らくごのごらく3
「みどりの窓口」「新版・しじみ売り」

ソニー・ミュージックジャパンインターナショナル

落語音源選びに迷ったら、ぜひこちらを。笑える新作落語と講談から起こしたオリジナル新古典。初めて落語を聴く人にもわかりやすく丁寧に、そのうえで噺のもつ面白さや本質を外さずに語ってくれる志の輔らくごの代表作といえる2席を収録。

瀧川鯉昇

たきのぼり1

キントトレコード

落語録音エンジニアの第一人者、草柳俊一氏プロデュースの音源。『御神酒徳利』をぜひ聴いてほしい。

春風亭昇太

春風亭昇太4

ソニー・ミュージックダイレクト

聴きやすく楽しめる新作2席を収録。古典のセオリーを活かした『宴会の花道』、昇太流爆笑怪談噺『マサコ』を。

柳家喬太郎

柳家喬太郎落語集 アナザーサイド Vol.3

日本コロムビア

当代落語界のトップランナーによる新作集。vol.3収録『孫、帰る』をはじめ、シリーズ全般を通して意欲的な口演を多数収録。

桃月庵白酒

白酒四半世紀 -the 25th-

ソニー・ミュージックダイレクト

滑稽噺で名人を目ざす桃月庵白酒による記念盤。爆笑必至の『新版三十石』は聴く場所に注意。独自解釈の『芝浜』も必聴。

春風亭一之輔

芝浜とシバハマ

ソニー・ミュージックダイレクト

大活躍中の演者が三題噺に挑んだ、芝浜前日譚『芝ノ浜由縁初鰹（しははまゆかりのはつがつお）』を。記録としても価値ある音源。迫力満点の『がまの油』もオススメ。

定額制落語音源サービス

らくごのブンカ

文化放送運営の落語専門オンデマンド配信サービス。月額500円で1000席以上の落語が聴き放題となる。

東京の演芸団体情報

一般社団法人 落語協会

一九二三年に設立された「東京落語協会」がルーツ。何度か分裂・合併を繰り返し、第二次世界大戦後の一九四六年に「東京落語協会」が「落語協会」と名称を変更、一九七七年に社団法人の認可を受けた。二〇二〇年現在、会長に柳亭市馬《りゅうていいちば》、副会長に林家正蔵《はやしやしょうぞう》が就任している。東京の四つの寄席（落語定席）、国立演芸場に出演。

公益社団法人 落語芸術協会

一九三〇年に誕生した「日本芸術協会」を元とする。一九七七年に社団法人の認可を受け、「落語芸術協会」と名称を変更、二〇一一年に公益社団法人となる。二〇一九年に春風亭昇太《しゅんぷうていしょうた》が会長に、春風亭柳橋《りゅうきょう》が副会長に就任した。東京の寄席（落語定席）では、浅草演芸ホール、新宿末廣亭、池袋演芸場、国立演芸場に出演。宮城県仙台市にある花座での公演などもある。

落語立川流

一九八三年に落語協会から脱退した立川談志《たてかわだんし》が立川流を設立。二〇一一年に家元の談志が死去し、談志の惣領弟子・土橋亭《どきょうてい》里う馬《りゅうば》が代表となる。立川流一門会として、「日暮里サニーホール」「お江戸上野広小路亭」「お江戸日本橋亭」などでの定期公演がある。

五代目圓楽一門会（圓楽党）

一九七八年に六代目三遊亭圓生《さんゆうていえんしょう》が設立した「落語三遊協会」が圓生の死で翌年解散となり、一九八〇年に五代目圓楽《えんらく》が「大日本落語すみれ会」を設立、一九九〇年から「圓楽一門会」と名称を変更した。二〇〇九年の圓楽死去後は、三遊亭鳳楽《ほうらく》が会長（現・顧問）となり「五代目圓楽一門会」となった。「お江戸両国亭」「亀戸梅屋敷」などで一門会を定期で開催している。

＊団体によって、漫才や紙切りなど寄席芸能を支えるさまざまな色物さんや講談師なども所属している。

広瀬和生［執筆］
一九六〇年生まれ。東京大学工学部都市工学科卒。音楽誌『BURRN!』編集長。落語評論家。『この落語家を聴け！』（集英社文庫）、『噺家のはなし』（小学館）、『噺は生きている』（ちくま文庫）等々、落語関係の著書多数。近年では落語会プロデュースも手掛ける。

サンキュータツオ［執筆］
一九七六年生まれ。早稲田大学大学院文学研究科日本語日本文化専攻博士後期課程修了（文学修士）。漫才師「米粒写経」として寄席などに出演。また一橋大学・早稲田大学・成城大学で非常勤講師も務める。『これやこのサンキュータツオ随筆集』（KADOKAWA）、雑誌連載も多数。

橘蓮二［執筆・写真］
一九六一年生まれ。演芸写真家。『本日の高座』（講談社）、『この芸人に会いたい』『夢になるといけねぇ』（河出書房新社）、『pen+ 蓮二のレンズ』（CCCメディアハウス）など著書多数。二〇一五年より落語会の演出・プロデュースを手がける。

青木伸広［執筆］
一九七〇年生まれ。早稲田大学卒業。演芸、映画、音楽などの執筆活動を行う。二〇〇八年に神田神保町で日本初となる演芸専門のライブカフェ「らくごカフェ」を開く。二〇一九年にはらくごカフェ十周年記念として「平成最後の武道館落語公演」を実施した。

佐藤友美［執筆］
日本で唯一の演芸誌『東京かわら版』編集人。浅草の国際劇場の隣で旅館を営んでいた祖母の影響で、幼少時より歌舞伎、大相撲、日本舞踊、邦楽などの古典芸能に親しむ。明治大学文学部仏文学専攻を卒業後、愛読していた『東京かわら版』編集部に入社。

布目英一［執筆］
一九六〇年生まれ。二〇一九年から横浜にぎわい座三代目館長。二〇〇二年の横浜にぎわい座開館時に企画コーディネーターとして参画。演芸研究家として、落語・浪曲などの書籍やＤＶＤなどの執筆・監修、講演などの活動も行う。文化庁芸術祭審査委員や芸術選奨審査員なども務める。

吉岡勉［執筆］
一九六五年生まれ。ソニー・ミュージックダイレクト来福レーベルプロデューサー。二〇〇五年から落語ＣＤ・ＤＶＤ企画制作に携わる。二〇〇九年に設立された来福レーベルの立ち上げメンバー。二〇一一年からは落語フェス「渋谷に福来たる」のプロデュースも手がけている。

馬場憲一［執筆］
一九五七年生まれ。慶應義塾大学文学部卒。ざぶとん亭風流企画主宰。『志の輔・宗久風流らくご問答』（文春文庫）、『古典と新作らくご絵本全十巻』（あかね書房）など企画編集。落語と音楽などのコラボライブを数多く主催している。

写真撮影――小磯晴香
撮影協力――浅草演芸ホール、新宿末廣亭、上野鈴本演芸場、池袋演芸場、ユーロライブ
装幀――村山純子
編集――深澤雅子（小学館クリエイティブ）

生らくごのススメ！ 東京版

二〇二一年二月三日　初版第一刷発行

発行人　宗形康

発行者　株式会社小学館クリエイティブ
〒一〇一-〇〇五一
東京都千代田区神田神保町二-一四 ＳＰ神保町ビル
電話 〇一二〇-七〇-三七六一（マーケティング部）

発売元　株式会社小学館
〒一〇一-八〇〇一
東京都千代田区一ツ橋二-三-一
電話 〇三-五二八一-三五五五（販売）

印刷・製本　映文社印刷株式会社

2021 Printed in Japan
ISBN978-4-7780-3563-1

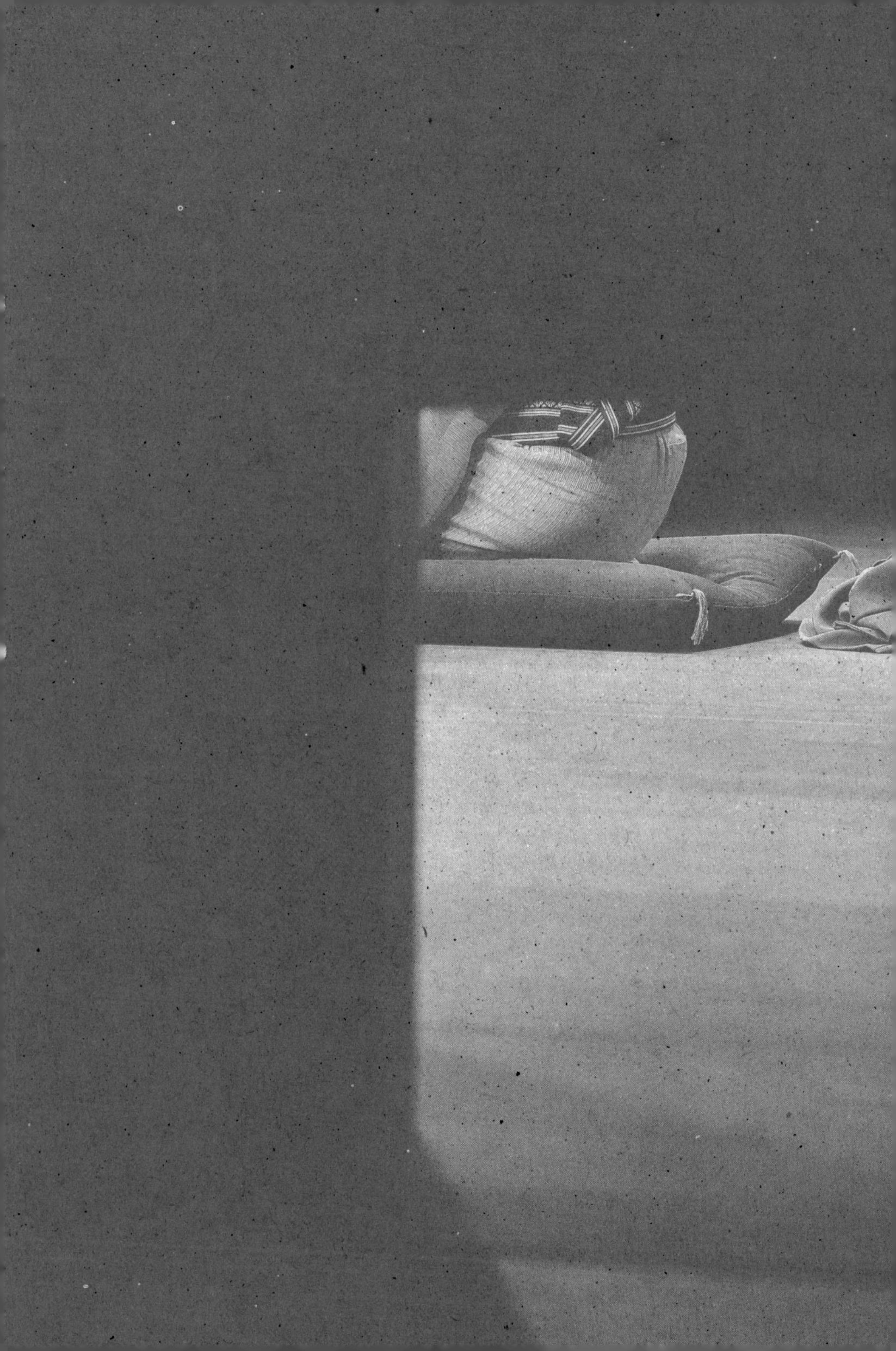